人間

簡守信院長
行醫*ing*

主述—簡守信
撰文—何姿儀

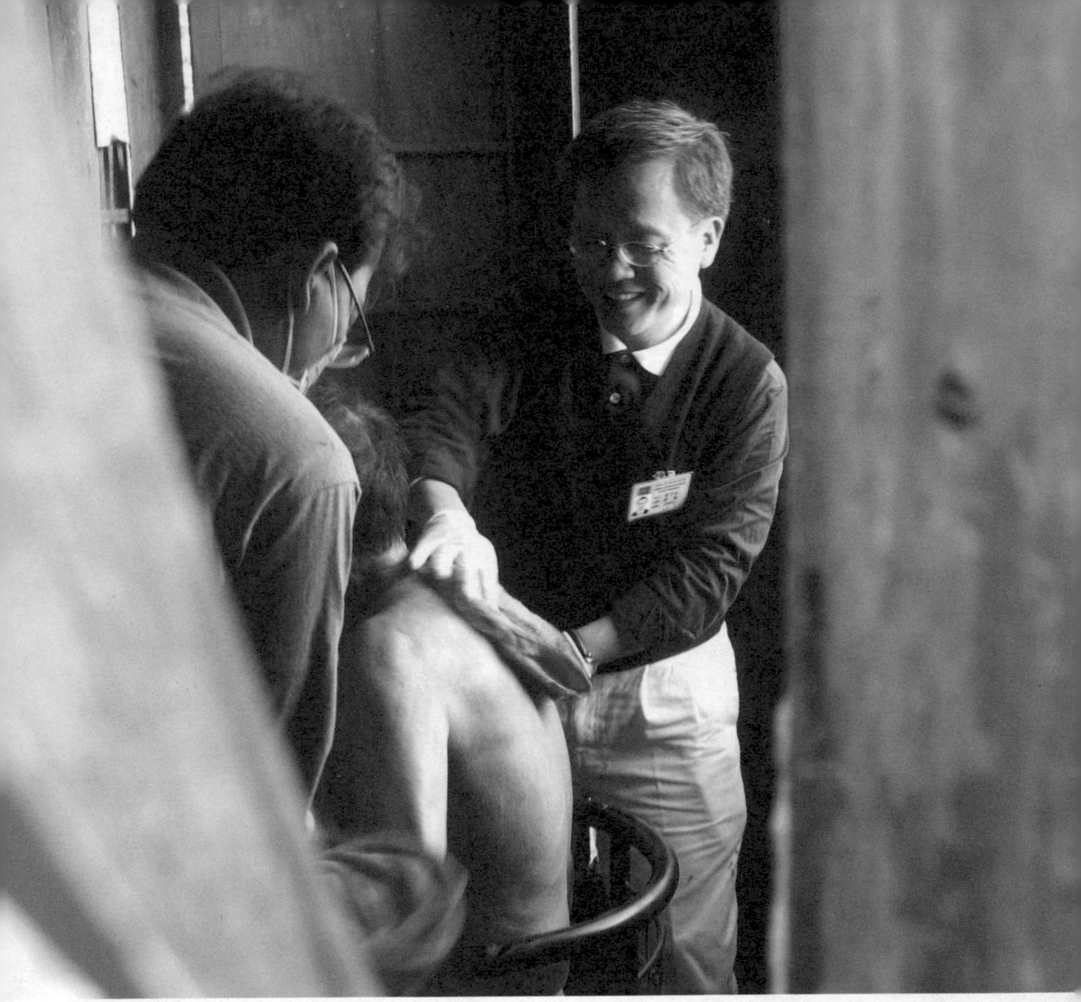

到宅醫療

上圖：二〇〇七年嘉義大林慈院同仁前往梅山山區，關懷行動不便的獨居老人，並協助沐浴盥洗。（攝影／曾雅雯）

左上：二〇一四年歲末，臺中慈院同仁協助突然病倒的個案整理家園，並送上新年關懷。（攝影／梁恩馨）

左下：二〇一六年，探視早年慈善醫療個案黃桂子老太太，並為她送來捐款收據。（照片／慈濟基金會提供）

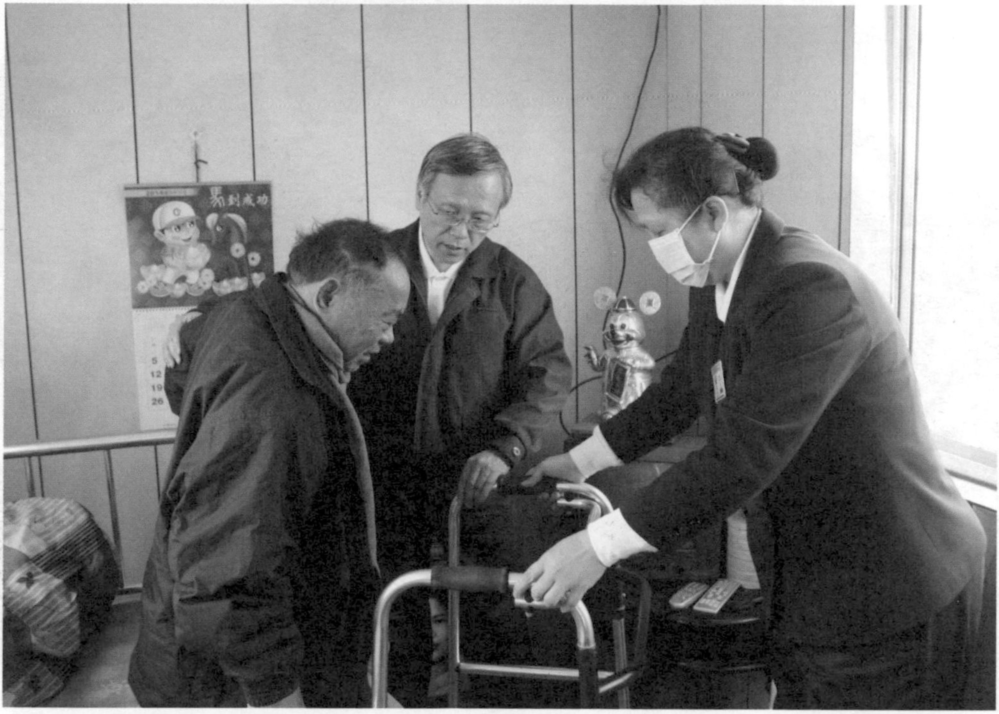

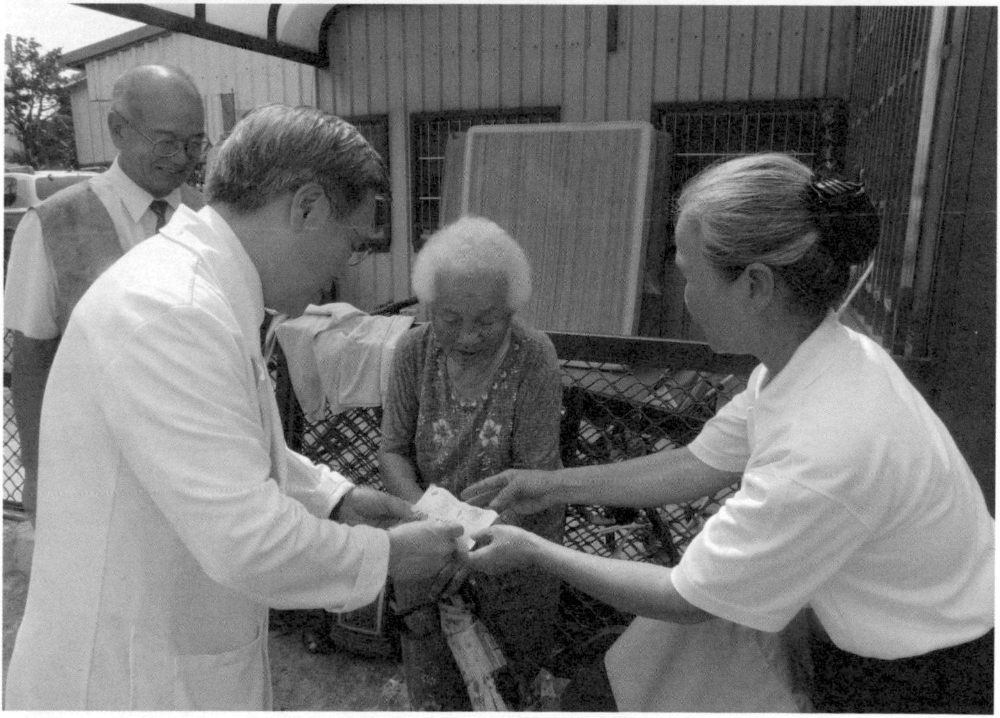

上圖：鼓勵醫師走出診間關懷病患，二〇〇八年醫師節邀約醫師一起為大林慈院附近的弱勢家庭整理居家環境。（照片／大林慈濟醫院提供）

右上：二〇一〇年協助嘉義偏鄉照顧戶修繕與整理住宅空間。（攝影／黃小娟）

右下：二〇一一年歲末關懷社區個案，貼春聯除舊布新。（照片／大林慈濟醫院提供）

左上：二〇一九年臺中慈院同仁協助獨居老人打掃，清理出屋內的雜物。（攝影／賴廷翰）

左下：二〇一九年跨年夜寒流來襲，臺中慈院醫護人員關懷街友，也了解他們的健康問題。（攝影／賴廷翰）

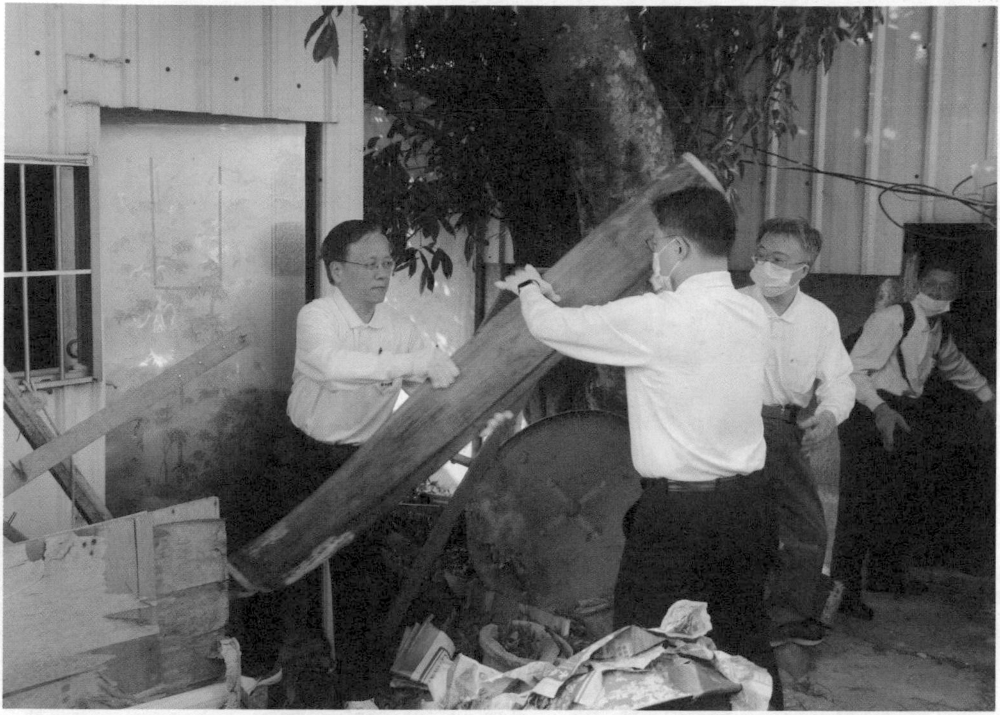

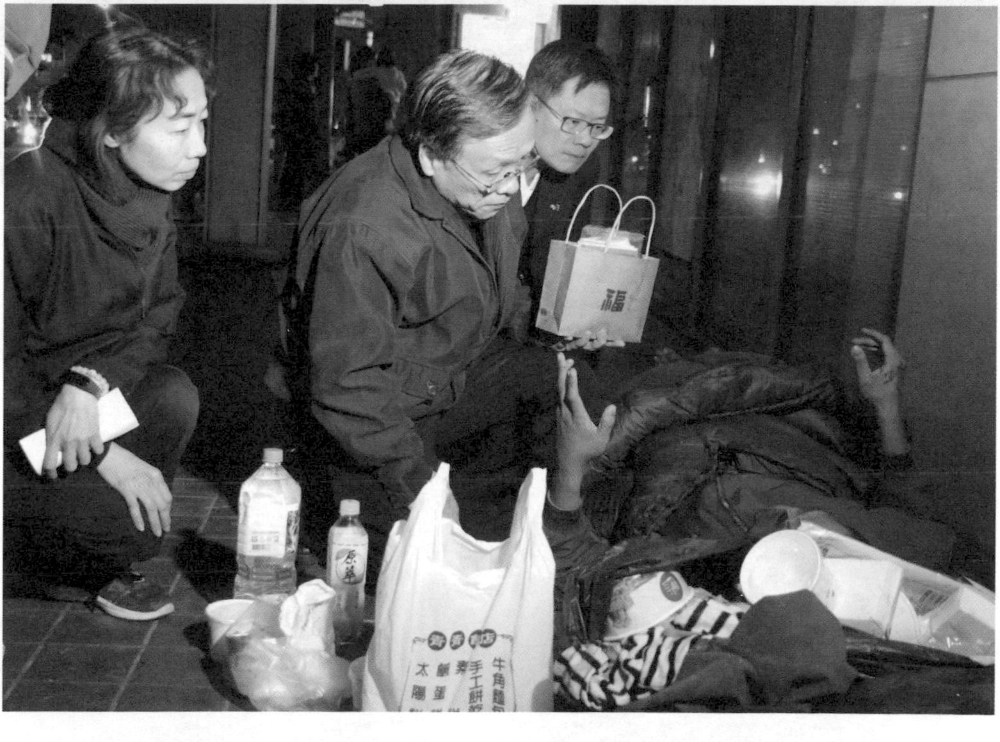
福
原萃

急難醫療

上圖：二〇〇九年莫拉克風災後，為協助屏東縣林邊鄉的患者處理傷口，搭乘山貓前往案家關懷。（攝影／陳心惠）

左上：一九九九年九二一大地震當天，花蓮慈院醫護人員趕赴重災區提供醫療服務，並在當地醫療體系恢復前展開長期支援。（照片／簡守信提供）

左下：二〇〇一年納莉颱風造成臺灣南、北部嚴重災情，大林慈院在嘉義縣民雄鄉受災村落設置緊急醫療服務站。（照片／大林慈濟醫院提供）

服務處
05/2219750
醫療救護站

跨國醫療

上圖：二〇〇五年巴基斯坦強震，居民感謝臺灣醫師遠道而來，稱讚臺灣醫療「No. 1」！（照片／簡守信提供）

左上：菲律賓下鄉義診手術室雖為臨時設置，仍能提供高品質醫療服務。（照片／慈濟基金會提供）

左下：二〇〇六年印尼日惹強震過後，慈濟印尼分會與當地醫院合作協助救援傷患。（攝影／呂學正）

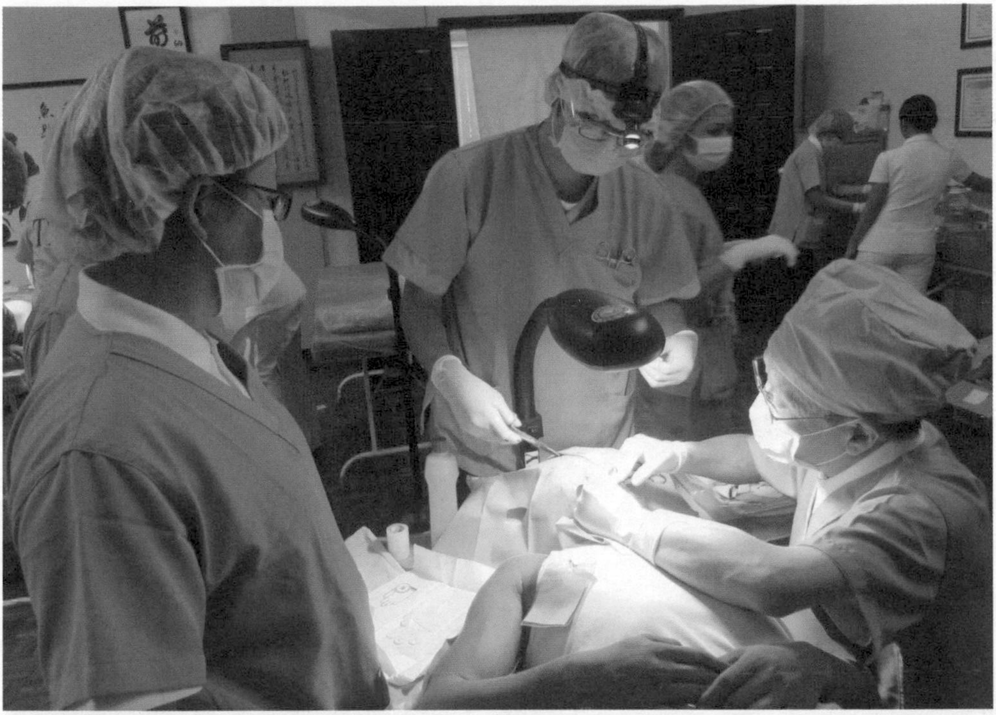

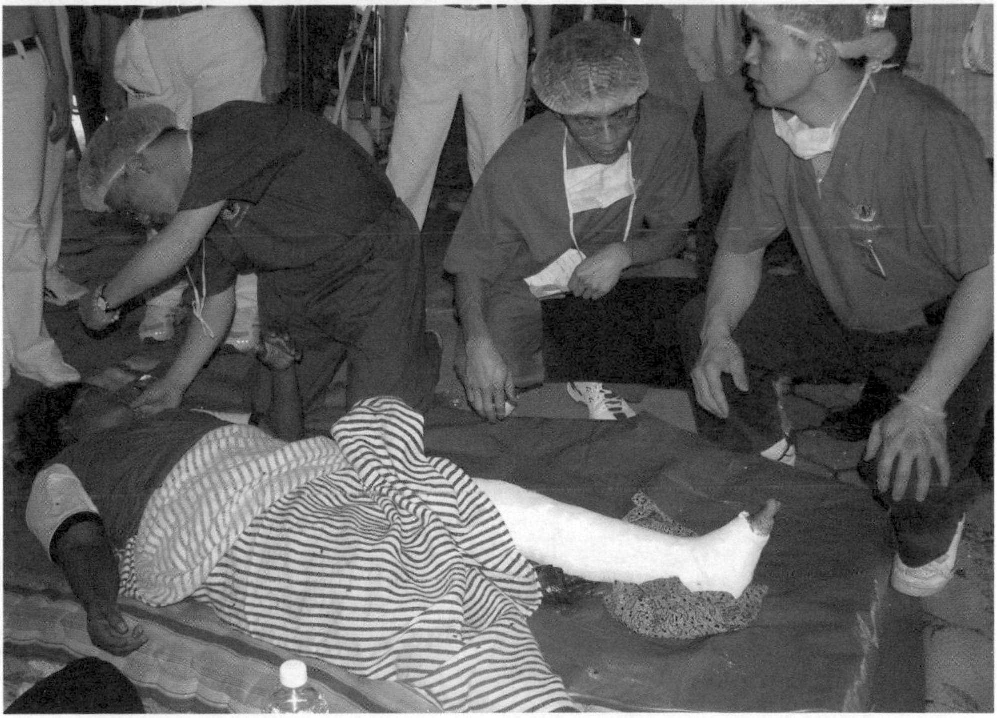

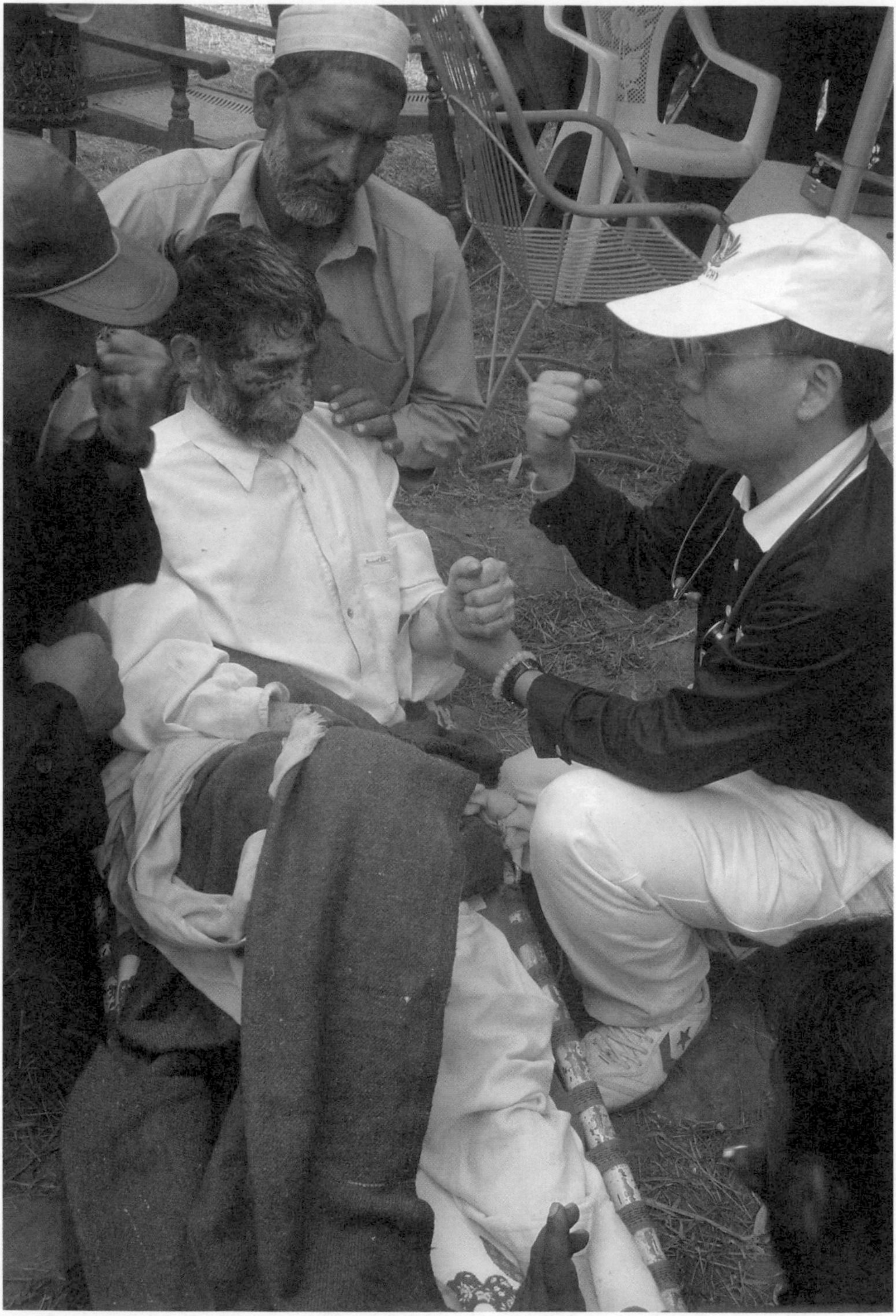

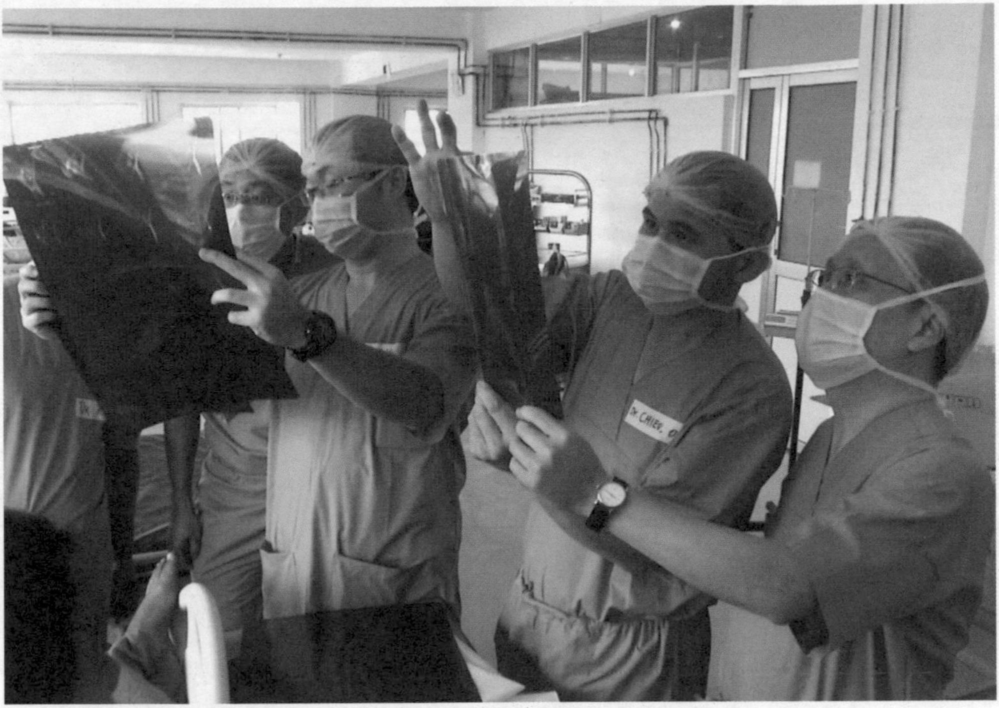

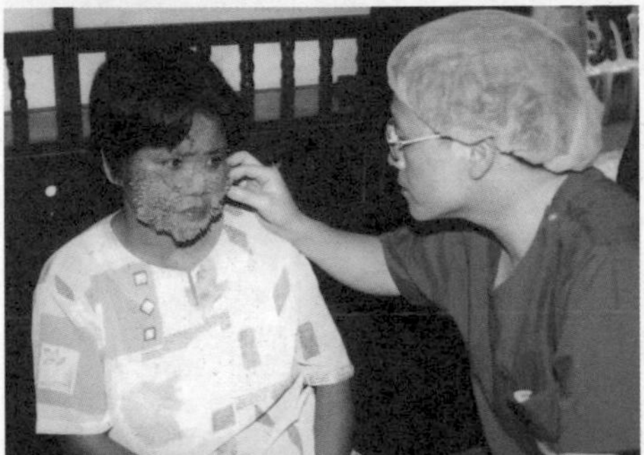

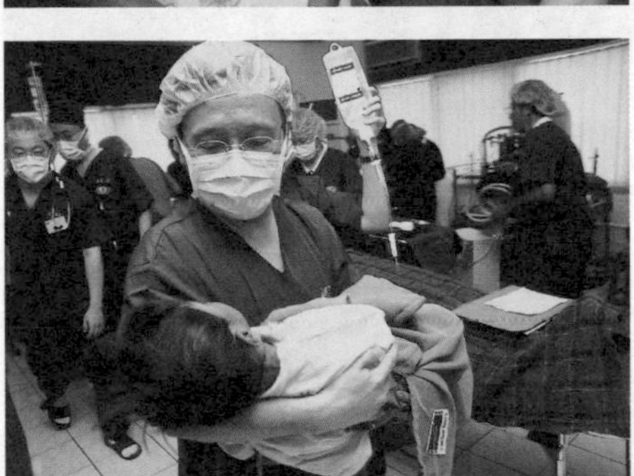

右圖：二〇〇五年巴基斯坦強震後，醫療系統癱瘓，家屬用擔架將傷者抬下山，希望慈濟醫師給予救助。（照片／簡守信提供）

上圖：二〇一五年尼泊爾強震後，慈濟六院資深骨科、麻醉科醫師前往支援當地醫院緊急手術。（照片／慈濟基金會提供）

左上：一九九八年菲律賓義診時，看見婦女因缺乏醫療延誤就診而滿臉病毒疣。（照片／簡守信提供）

左下：六度參與印尼慈濟義診，手術後將病童抱往恢復室，是永難忘懷的生命重量。（攝影／顏霖沼）

上圖：二〇一九年柬埔寨發放暨義診活動，協助鄉親搬運每包重達二十公斤的臺灣大米。（攝影／黃文興）

右圖：二〇一五年尼泊爾大地震後七十餘小時，慈濟賑災醫療團帶著一公噸醫療物資抵達加德滿都。（攝影／羅瑞鑫）

左上：二〇〇八年四川大地震，慈濟醫療團在災區接力提供醫療服務，由當地居民和小志工陪同前往重症患者家中關懷。（攝影／黃福全）

左下：二〇一六年赴約旦邊境義診，巴士輪胎受困在雨後的沙漠泥濘裏，醫療團成員設法推車脫困。（攝影／黃筱哲）

RUM
TRANS
63

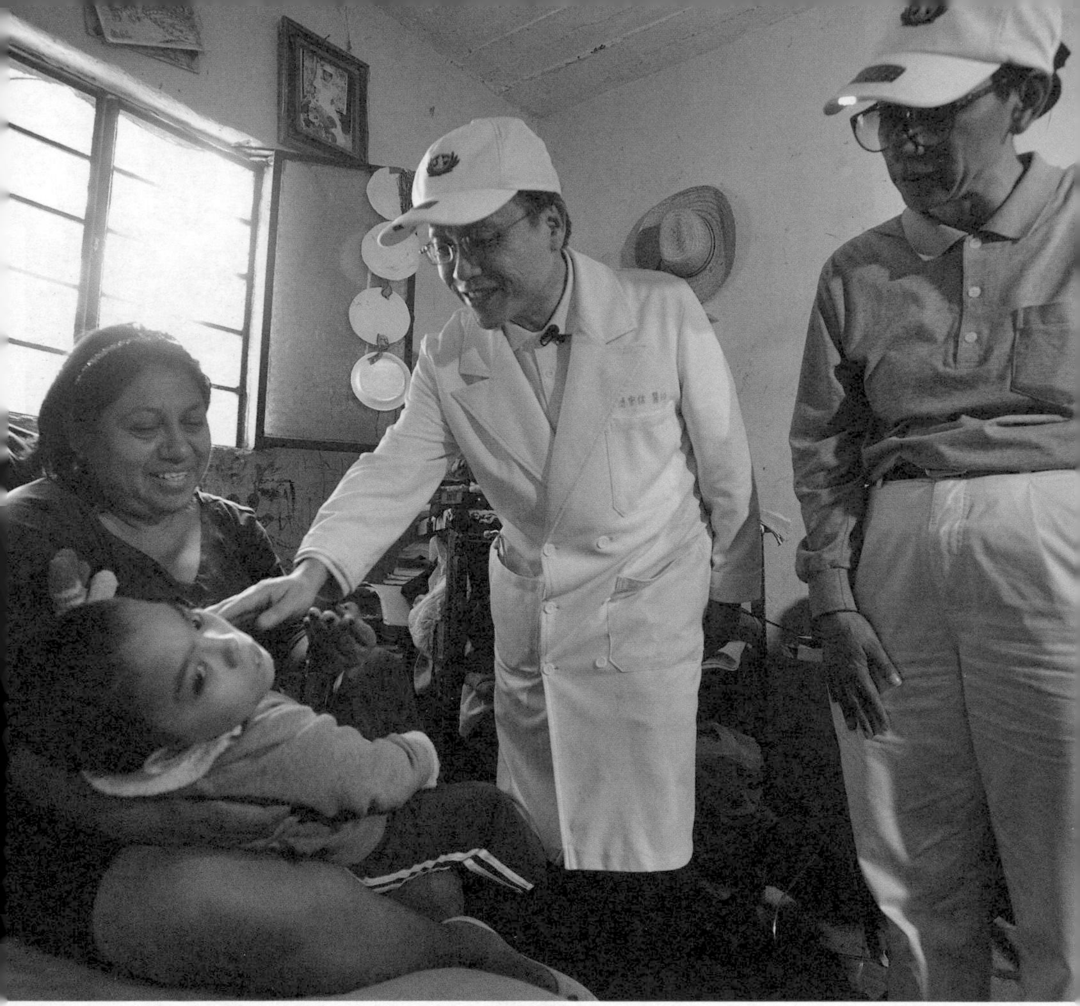

上圖：地震使墨西哥貧病家庭雪上加霜，慈濟發放的物資對他們來說是一場及時雨。（攝影／黃筱哲）

左上：二〇一九年伊代氣旋重創莫三比克，前往貝拉市拉梅高村，提供貧苦鄉親醫療服務。（攝影／蔡凱帆）

左下：慈濟多國醫療團隊在貝拉市舉辦義診，芒果樹下即是天然診間。（攝影／王忠義）

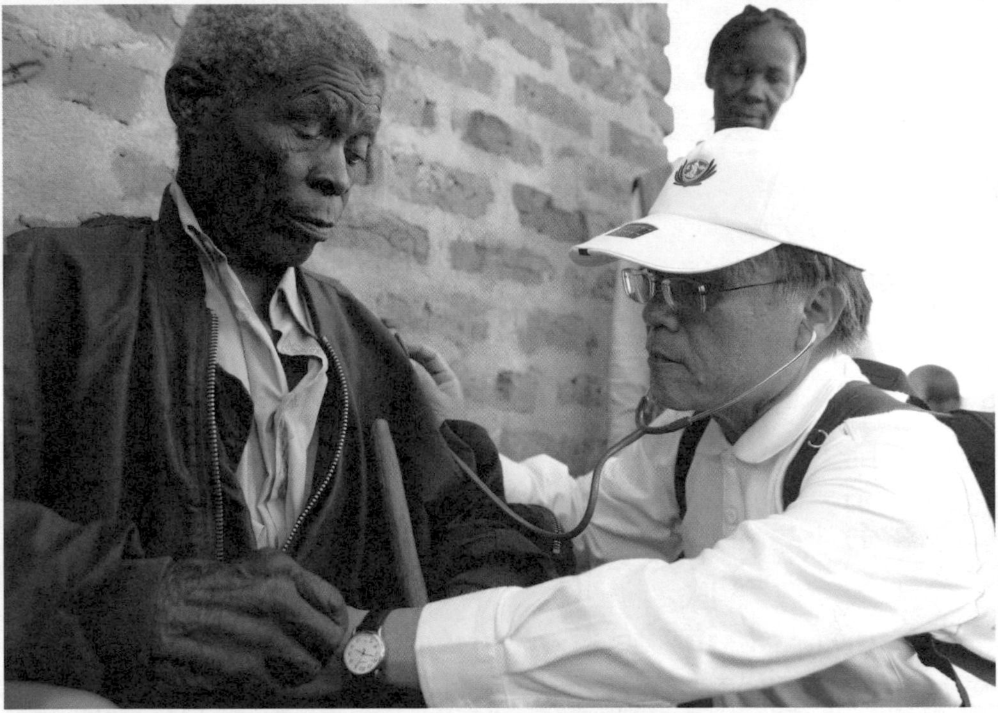

到宅醫療

急難醫療

跨國醫療

推薦序‧

信守初心 弘揚人醫精神

撰文／釋證嚴

時節已近中秋，每年此時國際慈濟人醫會成員都準備回花蓮，共度溫馨佳節，這個因緣要追溯到一九九六年的中秋節，菲律賓崇仁醫院呂秀泉副院長與慈濟人帶領一群醫療人員來精舍敘談，從此約定下的長情之約。

菲律賓離島多，許多地區交通不便，缺乏醫療，窮人病了求醫困難。馬尼拉慈濟人與崇仁醫院自一九九五年起組成義診團，遠赴偏鄉為居民解除病苦。呂副院長雖是天主教徒，但直到二〇一二年往生前，他恆持志願，用心用愛帶領菲律賓人醫會，這分德行風範影響了無數醫療人員，更造福了廣大的民眾。

每一次義診結束後，看到他們克服交通與環境的困難，服務的病人多達數千人，外科手術也開好幾百檯，令我印象深刻，便與花蓮慈院醫療同仁談起心中的佩服與感動。

當時花蓮慈院醫護同仁的臨床工作非常忙碌，但年輕的簡守信醫師不只聽進心裏，更化為實際行動，把握因緣參與菲律賓義診，也將互動後的啟發帶回花蓮，返臺後開始邀約外科醫護同仁走入社區做衛教，希望能拉近醫療與東部偏鄉居民的距離。

二〇〇〇年大林慈院啟業，他與創院院長林俊龍有志一同赴西部打拚，帶領全院同仁精進於醫療品質的同時，也投入偏鄉義診、關懷社區裏的弱勢家庭，還身兼數職帶動人文，主持醫療節目、下田插秧、下廚做菜、手語入經藏，展現醫療活潑、多元且溫馨的樣貌，將醫療人文化為動詞，發揮妙手妙法妙人醫的良能。

早年臺灣雖然醫療資源缺乏，但醫病互動饒富人情味，聽到有人重病無法上醫院，醫師會提著醫藥包、踩著腳踏車赴病人家看診。近二十多年來，隨著全民健保制度與醫療網逐步健全，大型義診的需求降低，但仍有許多病人因為病情、家庭、交通障礙等因素而就醫困難。

很感恩林執行長與簡院長愛師父所愛的人、做師父想做的事，秉持著「有苦的人走不出來，有福的人走進去」的精神，與人醫會及社區志工相結合，挨家挨戶找出這些需要的家庭，長年關懷不息，這分誠之情誼改變了許多病人的生命，彌補了醫療與社福體系的不足，也讓醫護人員的心靈更加柔軟富足，促使往診在今日的慈濟醫療志業體蔚然成風。

這樣的醫療型態不只遍及臺灣各角落，也隨著人醫足跡而廣布世界各地，在南亞的巴基斯坦、東南亞的緬甸、東非的莫三比克、北美的墨西哥，他們在賑災、義診的同時，也克服人生地不熟的問題，走入需要的家庭協助膚苦療傷。

二〇〇五年巴基斯坦大地震，造成該國八萬多人往生、逾十萬人受傷，慈濟人關關難過關關過，設法打通渠道，進入重災區勘災、發放、提供醫療援助。當時簡院長主持《大愛醫生館》首次入圍金鐘獎，但他捨棄鎂光燈聚焦的星光大道，選擇走上克難義診救人之路，真正是醫療典範。

早期通訊不若今日發達，弟子遠赴海外賑災，師父的心總是牽掛著，直到大家平安歸來；然而回臺後，簡院長、葉添浩醫師等志工的心還牽掛著受災人，說起當地情況總是忍不住哽咽。

世間苦難偏多，有了這分真誠同理之愛，才能撫平一顆顆傷痕累累的心，感受到溫馨與希望。慈濟人在苦難中長養慈悲，在變數中考驗智慧，隨著賑災經驗的累積，與當地資源做結合，培養出在地慈濟種子，讓愛的力量長久持續，化心中的掛念為扎實的行動力。

二十多年來，哪裏有災難，簡院長就自告奮勇前往救災，九二一大地震當天，他率領花蓮慈院醫療團隊前往中部重災區；莫拉克颱風重創西部各縣市，他傾大林慈院之力支援災區復建。不只為傷者貢獻醫療專業，也因行政管理與救災經驗豐富，而能即時協調各方資源，務實地幫助前線醫護人員、志工與受災鄉親。

有時在志工早會中，他聽到師父談起個案的處境，會立刻安排往診關懷，充分把握時間，善用空間，用真情付出在人間。

慈濟功德會在成立六年後的一九七二年，開始在花蓮舉辦義診，這是人醫會最初的起源，至今將邁向五十年。如今全球參與人醫會的醫事人員超過一萬人，後勤的志工也有數千人，大家理念相同，愛的方向一致，在各地關心貧病困苦人。「菩薩所緣，緣苦眾生」，感恩這麼多人間菩薩齊聚慈濟人醫會，一起發揮醫療良能，讓苦難眾生能得救。

時間能成就一切，簡守信院長恆持醫療初發心，二十多年來走過十多個國家的苦難地，以扎實的足跡「為時代作見證，為慈濟寫歷史」，創造生命的無限可能，欣見其心得能結集成冊，文史流芳，是為之序。

推薦序・

醫心暖行 見證苦難

撰文／林俊龍

自一九九六年，我從美國回到臺灣加入慈濟醫療團隊算起，認識簡守信院長已經超過二十五年了，但認真推算起來，簡院長在臺灣投入慈濟醫療的歲月還比我多了八年的時間。他從到花蓮的第一天開始，三十多年來都未曾離開守護生命的醫者崗位，也未曾離開過慈濟，令人敬佩。

回顧佛教慈濟綜合醫院於一九八六年八月啟業，花蓮地處偏鄉，難以留住醫師，直到一九八八年，十幾位才三十歲出頭的臺大醫院主治醫師，志願從支援轉為正式簽約醫師，花蓮慈濟醫院才有了穩固的醫師陣容，而其中一位就是簡守信醫師，他也是當年臺灣東部唯一的一位專職整形外科醫師。

爾後，感恩證嚴上人命我承擔大林慈濟醫院啟業重任，我即邀請同樣有著拓荒精神的簡守信醫師擔任副院長一職，同到嘉義打拚，他也爽快地應允。萬事起頭難，一家偌大的田中央大醫院要從零開始，更難！胼手胝足、並肩建院的日子很幸福，在慈濟，我們不說「辛苦了」，而是互道「幸福了」，因為能為人群付出的都是有福之人！讓我們感受到幸福的每一天，都是慈濟醫療歷史上珍貴的篇章。感恩簡院長接續我擔任大林慈濟醫院院長，而後亦轉任臺中慈院接任院長迄今。

日前有人來採訪我，訪問結束時，問起可以請誰來談談我在臺灣從事醫療的種種經歷，我不加思索地回答：「簡守信院長是最適合的人選。」我們不僅在花蓮、大林慈院緊密共事過，更同步參與多次國際慈濟人醫會海內外義診賑災。細數九二一大地震、莫拉克風災、汶川大地震、緬甸風災、菲律賓、印尼、約旦等義診，不是為了大型災難救急，就是前往支援偏鄉貧民大型義診。能親眼見證苦難最前線，是加入慈濟醫療團隊與其他醫療機構最不同之處，行萬里路勝讀萬卷書，用來描述義診對醫者仁心的潛移默化，再恰當不過。

而簡院長在大林與臺中慈濟醫院，皆帶動同仁走出院區，病人無法出門，無法來到醫院，醫護團隊就走出醫院往診，若有醫療需求，就安排病人轉至慈院接受治療，除了身體病痛的照護，也啟發病人求生意志，在志工的陪伴下，鼓勵他們走出封閉的斗室，一步步走出全新的彩色人生。

欣聞簡院長將出版新書《人間．診間——簡守信院長行醫ing》，有幸先睹為快，書中除了描述簡院長在醫院陪伴病人或到海內外各處義診賑災之所見所聞所感，還不忘加上從二〇〇一年八月十三日開播迄今，播出已超過五千集的《大愛醫生館》節目之醫學人文風采，解說心腦器官、飲食生活習慣與疾病之間密不可分的關聯。這是一本特別值得一讀的好書，樂為之序，並衷心推薦之，感恩。

（本文作者為佛教慈濟醫療財團法人執行長）

推薦序‧

古人醫在心 心正藥自真

撰文／姚仁祿

唐朝詩人蘇拯，有詩讚歎醫師，云：

古人醫在心，心正藥自真。
今人醫在手，手濫藥不神。
我願天地爐，多銜扁鵲身。
遍行君臣藥，先從凍餒均。
自然六合內，少聞貧病人。

第一句，極似證嚴上人期許慈濟醫療系統，能夠堅守的「家風」。最後句，也是證嚴上人的心願「天下無災」。

也許我們會問，天下有災、無災，與醫院會有關係嗎？仔細想，真的有關係，天下有災，不外乎饑饉、瘟疫、刀兵、水災、火災、風災、震

（地）災。

這其中，地、水、火、風，稱為「四大」；不只是佛教觀看宇宙眾生，有「四大」組成的概念，將天地稱為「大乾坤」，將人體稱為「小乾坤」，連古希臘柏拉圖、亞里士多德時期的「四大元素」哲學，也認為天地由四大組成。

換言之，地球的地、水、火、風之災，就是大乾坤的「四大不調」；人體的百病，就是小乾坤的「四大不調」。

再深一步思考，大乾坤的「四大不調」就是不計其數的小乾坤「四大不調」所引起，簡言之「天地有大災，來自眾多人類的身病、心病」。

有這樣的宇宙見地，必須要能「仰觀宇宙浩瀚，環顧生命無常，諦了一切唯心」才有可能；簡院長多年在慈濟醫院浸潤薰陶，加上他聰穎過人，早早就體悟了「古人醫在心，心正藥自真」的「萬法唯心」真諦。

也因此，做為一個旁觀者，我在簡院長身上，看見了「仁醫」風範：

他，視病猶親，見人有病，心懷遺「憾」，恨不得早遇而治之，仁醫也……

他，跋山涉水，往診患者於偏鄉異國，見其病苦，心有震「撼」之外，更知己福，一再付出，仁醫也……

他，手術房裏，不辭勞累，以病為師，以「汗」為墨，以刀針線為筆，不斷地書寫祈求患者康復的詩句，仁醫也……

能憾、能撼、能汗，是簡院長在慈濟醫療史詩之中，讓我們看見的瀟灑身影。這本書中，有幾句話，我很喜歡，引用如下，代表我對簡院長新書的敬愛之意：

「災區醫療需求具急迫性，貴在把握機緣才有付出的機會，緊急醫療照護要『走』出一條路，而不是『想』出一條路。

現今職場強調SOP標準作業流程，這原是一種確保品質的制度，但災難救護充滿考驗，無法完全依循制式流程，醫療管理若是徒有制度而缺少彈性與溫度，就變成是『Stupid Operation Process』，既非Standard，也不Smart。最好的ＳＯＰ是『Soul Operation Process』，做出有靈魂、找回醫魂的醫療。

走出去，回過頭來也是在幫助自己。」

此外，二〇〇一年八月十三日，簡院長在公務繁忙之中，慨然應允，主持、監製《大愛醫生館》節目，二十年、五千五百六十五集，從未間斷，早就是世界紀錄，因此，藉此新書序文，容我說，簡院長是「簡氏世界全記錄」、「世界最長醫療節目主持人」。

幾年前，簡院長在頒獎臺上，舉起金鐘獎獎盃時，我看見臺上，站著一位史家所稱的「Renaissance man」，一位現代的文藝復興人。

（本文作者為慈濟傳播人文志業基金會合心精進長）

作者序・行到水窮處

在莫三比克結束定點的義診與發放，座車緩緩駛離村莊。孩童們不捨得我們將要離去，一窩蜂追了上來，跟著車子跑了好長一段距離。他們飛快的腳步，天真的身影，彷彿歷歷在前，但仔細回想，時間竟已過去整整兩年。

二〇二〇年初開始的新冠病毒（COVID-19）疫情全球大流行，改變了人們跨國實質交流的機會，發生在前一年的莫三比克之行，成為我在疫情前的最後一次海外義診。

然而隨著時間流去，跨國醫療的重重影像非但沒有消逝，記憶還不斷發酵、滋長。自一九九七年初次跨國參與菲律賓慈濟義診至今，曾經走過的每一個地方，那些故事、那些人，都成為心中永遠的牽掛，造就了這本書從發想到付諸實現的契機。

永難忘懷的，還有當地小朋友不解我為何阻止他吃泥巴水的回眸，有病患因為醫療資源缺乏而從輕症演變成肢體扭曲、雙眼失明的形影，更有在巴基斯坦的滔滔河畔，母親抱著幼兒望向地震後的傷心大地，不知未來在何方的落寞背影……

因為慈濟帶來的醫療、物資和關懷，而改變了生命最跌宕低迴時的心情。儘管跨國義診受到疫情影響，但未曾改變的是慈濟人克服疫情，關心居民與當地社會的行動。

在海外義診機緣變得彌足珍貴的此時，更深刻體會到，若沒有機會親身看到這些孩童與病人，地球村的概念是不存在的。

唯有真正的牽起彼此的手、觸摸那些創痛的傷口，才能產生真實的連結，而這個連結是人與人之間、人與社會之間，人存在於地球上最重要的動力，絕非數據、目標管理可以取代。

親身走到每個需要的地方，往往能發現出發前想像不到的問題和機會，在各方因緣會合下，即使在迷霧中也能找出方向，建立起適合當地的最佳模式。

彷彿已是山窮水盡，卻能在後來見證他們生命力的改變，因為在關鍵時刻有人帶來了希望，陪伴他們跨越，因此「行到水窮處」，後來便能「坐看雲起時」。

現今臺灣是一個專注自己生活領域的社會，倘若只是接收制式的資訊供應，而沒有將視野拉開來，容易產生對立與爭執。儘管現實困境多，但將注意力從那些複雜的因素中轉移，單純回到人與人真誠的互動關懷時，反倒能走出一條真正不一樣的道路。

在工商社會，人們往往會先評估價值效益，再決定是否行動，但這樣的思維卻也可能成為我們親自去探索、去跋涉、去感受、去昇華的障礙。

當醫者成為行者，感受到的就不會只是醫療，而是整個社會，回過頭來，對個人、對醫療的生命力必會有所提升。

臺灣有實質的能力關懷世界，在困難的時刻發揮行動力，落實於需要的地方，哪怕只是對若干人產生出若干影響，都具有撼動人心的生命力，更能見證這座島嶼可貴的人性之美。

慈濟在世界各地的義診與關懷，就是從臺灣鋪展走向世界的通道，不論從醫師個人的角度，從醫療的角度，或從臺灣的角度出發，都深具意義，讓我們對世界更懷抱希望。

困厄、災難固然令人不捨，但它是一個引子，引起許多人的關心和注意，但因為有慈濟，這分關注不會因為災情的結束而消失，反而會持續不斷往未來延伸。

以印尼為例，引子是醫療資源不足，臺灣醫師跨國支援，與當地醫師、志工交流後產生出各種火花，而成就更好的慈善醫療模式與志業體。投入義診的我們之於當地也是引子，促使當地的善良種子萌芽、茁壯，聚集起來，善的力量擴大，社會就會改變。

最終引子不在了，但點燃的火種卻能造就日後的發光發熱，在當地持續發揮影響力。

疫情也使得各國人醫會聚首變得困難，心中思念不由得更加綿長了。想起那些為了做好義診服務，彼此如切如磋，如琢如磨，在世界不同角落同心努力的好朋友們，總是備感溫暖與激勵——

在菲律賓義診時，呂秀泉副院長及當地醫師們開刀時的專注、笑容裏的爽朗；在柬埔寨義診時，新加坡醫師因牽念上人法體而流淚的至情至性；在海燕颱風後世紀災難裏，深夜被陳福民醫師抱著痛哭的相濡以沫；每次人醫會年會與美國廖敬興醫師碰面時，彼此親切擁抱中有著惺惺相惜的感動……

本身是基督教徒的新加坡醫師林深耀，在去世之前還與我聯絡，商討如何將唇顎裂修補手術做得更好，照顧更多需要的人。儘管自己胰臟癌末期，依然念茲在茲要服務眾生，這分用心影響所及不只在於個人與病人，更是整個群體的提升。

國際慈濟人醫會牽起的不只是與各地民眾的情分，牽起的更是全球醫師的情，而這個情字都出於真，真情，最能代表人醫會為我帶來的感動。醫師們用真心、初發心對待病人、受災民眾，衍伸出來的不只是醫病之情，衍伸出的更是與當地志工、醫護人員之間的密切連結。日後回想那些曾經受傷、悲慟的人與大地，也會浮現更多真情流露的畫面，暖暖圍繞在他們周圍。

過去每年中秋前夕，人醫會醫師們從世界各國相約回臺，賞月時談的不是文人的雅致閒情，而是如何用慈悲溫潤的心光映照世界，這讓我在世界各地抬頭望月時，總會生起特別的感受。

一如當年在強震後的巴基斯坦高原，望見那一彎弦月與璀璨繁星，與伊斯蘭世界的弦月抱星相呼應的景象，至今永遠深烙心頭。

「月有陰晴圓缺，人有悲歡離合，此事古難全，但願人長久，千里共嬋娟。」蘇東坡在將近千年前就寫出人們心中共同的願望，而今因為人醫會，我們更願能「千里共慈濟」，無論相隔多遠，都能將同一分誠摯之愛，送往需要醫療的地方。

這分用心不只一個人、少數人，全球有上萬名人醫會醫師，懷抱同一分心願而投入，一棒接一棒，讓需要醫療的地方、讓受苦的人們有「醫靠」，用長情弭平世間的種種無情，這是醫療積極而動人的一面，這本書留下的不是我個人的醫療足跡，而是我追隨全球慈濟人醫與志工們的歷史印記。

到宅醫療

醫療不只是改變疾病　更是改變生命的工程

想像不到的改變

是關懷，也是曙光

肆虐全球一年多的新冠肺炎病毒，在二〇二一年五月突破了臺灣社區防疫線，確診人數和重症病例不斷增加，第一線醫護人員在巨大的壓力下負重向前，守護患者和居民的健康。

媒體訊息紛紛擾擾之際，社會各界其實一直都暖流不斷，無數的企業、團體、個人捐贈防疫物資、點心餐食、愛心善款，甚至醫療設備，用實質的行動支持著醫療人員。

五月底，坐著電動輪椅的永旭搬著一只超大箱子來到醫院，裏頭裝滿了護目鏡和醫用口罩，表明要捐給醫院同仁使用。數量雖然不多，卻是他盡了最大力量所購置。

「我也曾經是被幫忙的人，醫護人員這麼辛苦，希望能盡一點心力。」一不善言語的永旭說出了這樣一句話，扎扎實實地激勵了醫護同仁，而我們內心的感動更非任何有形價值能衡量。

和永旭認識六年來，他總是出其不意地感動著我。

初相識那時，他三十三歲，卻已經在床上躺了十二年。十幾歲開始，他就為了分攤家計積極打工，一次修繕屋頂時不慎失足從高處摔落，造成胸椎以下完全癱瘓，自此必須仰賴父母的照料。

儘管不願向命運低頭，但無奈生活中種種不起眼的小事都由不得自己，幾年下來，漸漸感到萬念俱灰，才發現連自我了斷生命都極其困難，只能意志消沈地看著天花板，一天挨著一天過，有時，對家人的內疚和糾結，卻變成以惡言相向來表現。

二〇一二年，我從大林來到臺中慈院服務，醫院運作漸入佳境後，便積極帶動醫師走入社區，希望醫療團隊能主動與慈善志業結合，幫助有需要的家庭。永旭是慈濟人推動社區愛灑時發現的個案，陪伴的多年間，發現他下肢皮膚潰爛難癒，一直未見好轉，於是尋求臺中慈院醫療關懷。

第一次走進他家，屋裏堆滿了水果紙箱，詢問之下才知道，母親不只要照顧臥床的永旭，永旭哥哥的一對幼兒白天也由她幫忙照料，自己平時則靠打零工貼補家計；適逢梨子盛產期，她在家削切水果送往附近的罐頭工廠加工。

蠟燭多頭燒的母親，面對兒子萎縮潰爛的雙腳，感到無能為力。對於我們到來，永旭臉上也沒有表露欣喜，他已不敢再懷抱夢想。

由於下肢神經毫無知覺，長期臥床循環不良，潰爛的傷口和層層痂皮相互交疊，幾乎沒有一處皮膚是完整的，我和傷口護理師一起為他清洗、消毒，提供醫材和藥物，教他們如何照護傷口。

但醫療能做的應該不止於此。他正年輕，但父母會老去，最好能擁有自立生活的能力，雖然雙手力量不大，但仍有些許活動能力，倘若能訓練他坐上輪椅，跨出家門，他的世界、他們的未來，會跟著改變。

我告訴永旭，不要放棄希望，未來還有很多可能。

回到醫院，我邀請復健科蔡森蔚主任加入協助，而後續團隊的動員和串聯，著實令我感動。

復健科到宅訪視後，為他制定了復健和無障礙空間改善計畫；傷口護理師三不五時探望關心，追蹤他的傷口照護情形；社工師幫他尋找社會資源，安排居家照服員和電動輪椅；參與紀錄的大愛臺同仁成為他的好朋友，幫他配眼鏡、送他電腦……

轉變心念，轉變未來

第一次坐上復康巴士，行經睽違十二年的潭子街道時，他發現眼前景象與記憶中的模樣已然不同。

十多年臥床不動，肌肉軟弱無力，關節僵硬緊繃，復健之路極為艱辛，但他冒汗流淚，咬牙堅持。曾經以為人生自此囚禁在黑牢，翻身無望，沒想到得到這麼多人的關心，鍥而不捨改變了一切，更在一次又一次的挫折中，陪他度過，陪他超越。

勤於來院針灸、復健的他，經常到各單位找同仁串門聊天，送小點心探班，我也因此常有機會與他相遇，每一次，都在他身上看到令人開心的改變。

聽說他開始做起網購生意，我們便向院內同仁發起團購，得到熱烈的反響；聽說他完成人生第一場馬拉松路跑，雖然坐著電動輪椅，但代表他敞開心門，有了走入人群的勇氣。

過年到了，他終於不再只能沈默愧疚，而開始用自己賺來的錢包紅包回報父母。當他知道其他新病友心情沮喪低落，他願意分享自己的經驗，帶給別人信心和希望。

有一次到他家訪視，他送我一幅色彩斑斕的油畫，因為經過志工的鼓舞，他奮力學習成為一位口足畫家，作品已得到外界的收藏展示。我也送他一盒油畫顏料，勉勵他在往後的日子裏，繼續揮灑生命的彩筆。

我們號召同仁為他的住家重新粉刷，擺脫十幾年來泛黃幽暗的空間氛圍，期盼他從內心到環境，都煥然一新，重返旭日光明。

後來，我們鼓勵他參加慈濟志工培訓，他也做到了。在一次新春活動中，他亮相參與手語演繹，雖然手指僵硬，動作樸拙，但這是過去十多年來絕對無法想像的一刻。

團隊的助緣，更因他的堅持不懈，翻轉一輩子需要依賴他人的命運，他已能自力更生，還成為一位助人者，不但改變了自己心靈的層次感，也豐富了別人的生命。

對比初次見到他時的落魄失志，是什麼讓他生命發生了巨大的改變？

只因關懷，沒有任何高深的技術可言，在現代醫療卻容易被忽略。一連串的愛心相扣，有人看見、有人伸手、有人用心、有人呼應，不僅解決了一個家庭問題，也給予一個人生新希望，甚至能啟發其他人。在永旭身上，看見慈善與醫療結合的力量，也看見安身、安心到安生的全人守護。

有慈善走在前，醫療能走得更寬廣；有醫療的介入，慈善可以做得更深入。慈善醫療共伴共行，破除有形無形的貧病相依，這是慈濟建院的初心，也是醫者不能忘記的一念心。

探索小乾坤

肌多肌少很重要

肌肉只要長時間不動，蛋白質就會開始分解，有研究發現，健康老人臥床十天，就少了一公斤的肌肉，長期臥床者因為缺乏運動，肌肉會大量流失，但透過復健和訓練，可以減緩肌肉流失，甚至讓萎縮的肌肉重新長出來。

人類是恆溫動物，即使外在環境寒冷，依然能保持一定的體溫，這些熱能主要是由養分代謝與肌肉運動所產生，肌肉供應的體熱占整體的熱量百分之五十八，其次是肝臟的百分之二十二。過瘦的人容易虛弱怕冷，肌肉量不足是原因之一。

肌肉占體重約百分之三十到五十，能維持身體的各種活動能力，大至跑跳蹲站，小至彈指與眨眼，都是透過肌肉收縮來帶動；體內的器官運作、全身的循環功能，也需藉由肌肉力量才能完成。

醫學研究證實，肌肉的發達與健康息息相關，鍛鍊肌肉能有效抗老、促進健康、預防關節退化，減少骨鬆與慢性疾病的危害。

肌少症可以用小腿來做衡量標準，將雙手的大拇指與食指扣成一個圓圈，小腿肚最粗的部位若小於這個圓圈的大小，就表示肌少症的風險高。

人在三十歲以後，肌肉就會開始流失；四十歲以後，肌肉量以每年減少百分之八的速度流失。肌少症會增加老人跌倒、骨折、失能的風險，而適度運動搭配攝取優質蛋白質，可以延緩、甚至逆轉肌少症的發生。

肌肉是人體最晚退化的器官，因為身體每一個器官的運作都需要肌肉的輔助，會陪伴我們工作到最後，不只年輕人與減重者要健身，中老年人更應重視肌肉訓練，才是維持健康的長久之道。

改變生命的動力來自關懷

簡單麵 好味道

雖有遺憾，但用愛撫平

他很蒼白，虛弱得無法坐起，一坐起身就頭暈，恐怕貧血十分嚴重。但他排斥現代醫療，也對我們懷有防備之心，我要試著婉轉與他互動，走進他的心房，才能為他做更多處置。

他住在離醫院約半小時車程的地方，志工指引我們來到他的家。五十多歲的他，罹患直腸癌，卻因排斥現代醫療，堅持採行自然療法，結果腫瘤不但沒有受到抑制，還愈長愈大，突出臀部表面，由老母親照料著。

母親是時刻無法輕鬆的，老伴已經離開人世，女兒也在幾年前因病往生，如今相依為命的兒子，正忍受著重病的折磨，偌大傷口不但流著血，散發出來的臭味瀰漫著整個室內，更讓人心情不好受。

病人擔心我們別有意圖，我能理解他的抗拒，緩緩地告訴他：「我們是希望能教你怎麼照顧傷口，讓媽媽可以輕鬆一點。」他才逐漸卸下心防，願意讓我們靠近。

在階梯下兩、三坪大的空間裏，我和護理師得跪著幫他換藥。虛弱的他由著我們翻身，腐敗惡臭隨之撲鼻而來，裸露在臀部外的腫瘤已有十幾公分大。傷口的氣味，對醫護人員來說透露著許多訊息，我們仔細清洗、換藥，一步一步指引著未曾受過醫學訓練的老人家如何居家護理；比起不斷塗敷藥膏，更應注意患部清潔，勤於更換用來吸附分泌物的紗布，保持傷口乾燥，如此氣味慢慢就會消失。

「明天我們會安排醫檢師來幫你抽血，看看身體功能如何、能不能幫你改善一部分症狀。」我進一步徵求病人的同意。或許這個下午，他從我們換藥的動作和聲音中，感受到真誠與溫柔，接受了建議。

檢驗報告出爐，血紅素值只有五左右，是重度貧血，住院輸血能讓他舒服許多。在我們的溫言鼓勵下，他入住安寧病房接受治療，經過醫療團隊的細心照料，他不再時時刻刻受到疼痛、頭暈和傷口氣味的折騰，體力大幅改善，生命品質得到了提升。

臺中慈院的大腸直腸癌治療水準，放諸臺灣與全世界來評比，成果都十分優異，但卻來不及早點醫治他。從第一次見面到他往生，大約只經過兩個月，雖然無法延長病人的生命，但他在生命最後的階段找回了尊嚴。

而他說不出口的牽掛，是晚年總為他愁眉不展的母親。住院期間，他看到母親在志工的陪伴互動中，漸漸綻放出笑容，心情得以釋懷許多。

您牽掛的，讓我們來陪

病人離世一年後，全院上下正忙著準備醫院評鑑，臺中慈濟志工每天中午特地來醫院現煮擔仔麵，為同仁加菜補充體力，無怨無悔的支持和付出，不但溫暖同仁的胃，更總是溫暖大家的心。

在蒸氣氤氳的廚房裏，我看見一個熟悉的身影，那位老母親穿上制服和圍裙，竟然就在香積志工的行列裏。

一年前，我們到宅往診照顧她兒子，住院期間點點滴滴的互動，她銘記在心，一年後，她到院煮麵照顧醫院同仁，彼此之間不需太多語言，卻都深刻被感動。

老伴、子女相繼離世，母親一路走來的辛苦可想而知，在人生患難的艱困時刻，志工陪伴的真情，她很珍惜。兒子去世後，社區慈濟人關懷不息，牽引她走出陰霾、走出家門、走到環保站裏做志工、種菜，生命力彷彿也得到澆灌而重新滋長。即使後來獨居的她行動不便，生活自理困難，志工也像親人一般協助她入住安養中心，經常到院探訪。

在現代醫學來說，多數期別的癌症都有相對應的治療方式，效果禁得起科學驗證，令人遺憾的是，病人並非知識水平低下，相反的，他是畢業於國立大學土木系的高知識分子，偏執於特定的非科學觀點，不願接受手術，堅信偏方和能量治療，在理應孝養母親的時候，反而讓母親牽腸掛肚，釀成令人不捨的家庭悲歌。

說到臺中的都會風情，許多人腦中會浮現七期重劃區的豪宅林立和舒適大器，也認為都會居民所接受的醫療資源和知識水平，比鄉下地區來得好。但事實上，走出醫院，才會發現許多不為人知的暗角。即便在醫療普及的臺灣，這種情形依然一再發生，提醒我們還有更多需要努力的地方。

在佛教經典裏，觀世音菩薩聞聲救苦，千處祈求千處現，逾半個世紀前上人成立慈濟時就提到，一個人有一雙眼、兩隻手，滙聚五百個人的力量就能成就千手千眼觀世音菩薩。

如果沒有慈濟的關懷網，我們不會知道這樣的個案，正是因為社區志工的千手千眼，醫療才能走進許多難以觸及的角落，過程中，不只看見病，更看見家庭、社會問題，建立起親如手足、長輩的互動關懷，讓病人和家屬知道自己不孤單，改變悲傷的結局。

有時，我會想起志工們在醫院評鑑前烹煮的那碗蔬食擔仔麵，它被命名為「簡單麵」。要用簡單的食材做出層次豐富的味道，其實並不簡單，在那些晝夜繁忙的日子裏，那碗飄著熱氣和香氣的簡單麵，至今依舊令人回味。

探索小乾坤

無我的紅血球

人的血液中，每一立方毫米（立方公釐）有四百五十萬至五百萬顆紅血球，負責將吸入肺部的氧氣攜帶至全身，再將細胞代謝後的二氧化碳送回肺部呼出，讓細胞保持活力。

細胞中需要粒線體作為能量包，以肝臟細胞為例，一個肝細胞就有一千到兩千個粒線體，但紅血球卻沒有粒線體。

紅血球為了把交換氣體的功能發揮到極致，捨棄了細胞核的構造，降低自己新陳代謝的能量需求，為其他細胞衝鋒陷陣、孜孜不倦地工作，這分無我的精神，實在令人讚歎！

紅血球是中央凹陷的圓盤狀構造，非常柔軟，所以能改變形狀通過細小的微血管，一顆紅血球直徑約七微米，厚度約一到二微米；頭髮的直徑則為五十至一百微米。紅血球雖小，卻能去掉我執進入每一個角落，送出氧氣，帶走二氧化碳，如同將成就留給別人，將怨言輕輕帶走。

身體裏有二百五十兆個紅血球，一個紅血球有二點七億個血紅素，其中的每一個鐵離子會和一個氧分子結合，若是血紅素不足，身體就會缺氧，就是所謂的貧血。

鐵離子吸收不足，是常見的貧血原因，也就是缺鐵性貧血。此外，急性出血、消化道疾病、骨髓造血功能異常、遺傳性的海洋性貧血等，都會造成血紅素不足。健康女性不會因月經出血而貧血，若是過度減肥、偏食或有其他病症，就可能造成貧血。

長期貧血會引起全身性症狀，包括虛弱無力、暈眩、頭痛、呼吸急促、手腳冰冷、皮膚蒼白等，嚴重者還會健忘、心臟擴大甚至心臟衰竭。

既然鐵離子這麼重要，體內究竟有多少鐵？其實全身加起來重量只有二點五至四克。微量人生卻能發揮奈米良能，維繫身體平衡，真是了不起。當然，有病症時就要與醫師配合積極處理，才能常保健康與活力。

當我們能說出一個個病人的故事　就不會遠離以人為本的醫療初衷

脫離宿命

打開心內的門窗

「阿幼姊，這下你變成大內美人了！」

當我在診間幫阿幼拆掉眼皮上的縫線，露出雙眼皮的瞬間，一旁的麗香忍不住對她誇讚一番，阿幼不好意思地嘟起嘴來，笑罵麗香三八！這對「姊妹」的互動，既逗趣又讓人羨慕，看得我和護理人員都笑了。

阿幼的頭上戴著一頂假髮，是大林慈院同仁和慈濟志工們湊錢買來與她結緣，雖然外觀說不上是脫胎換骨，但和先前的畏縮自卑相比，她自信心倍增，話多了，笑容也多了，而且，那雙手不再因害怕人群而發抖了。

阿幼是罕見遺傳疾病層狀魚鱗癬的患者，從出生開始，她就擁有不同於其他寶寶的外觀，皮膚暗紅發紫且乾燥粗糙，且隨著年紀增長，硬化角質愈掉愈多。

一九五〇年代，在她生長的那個僻靜山村裏，村人不曾見過這樣的疾病。父母不願她遭受異樣眼光的看待，禁止她與外人接觸，從小，她不只得忍受皮膚如魚鱗般不斷剝落的辛苦，內心也是遍體鱗傷，過著幾乎足不出戶的日子。

隨著姊姊出嫁、父母往生，年過半百的阿幼變成孤零零的一個人，需要出門買東西時，她會把全身包緊，帽緣壓低，生怕與人眼神交會。雖然她常獨自看著窗外藍天，對外界充滿好奇與嚮往，但卻無法體驗徜徉在藍天下的美好。

那時，大林慈院同仁在林俊龍院長的鼓勵下，與人醫會一起四處探詢需要協助的弱勢家庭，我們和阿幼的緣分就是這樣開始的。

隨著村長的引領，醫師們來到阿幼家，發現她不只是皮膚乾燥、脫屑得厲害，眼皮也因過度緊繃拉扯而外翻，長期無法閉合下，左眼角膜早已破洞失明，右眼也反覆發炎，岌岌可危。眾人費了一番心力勸說，她才答應來大林慈院就醫。

第一次出遠門，就是來到一間陌生的大醫院，阿幼一如既往身穿長衣褲、頭戴大帽子，卻克制不住緊張地全身顫抖個不停，每一次回診，總能看到幾位志工和醫院同仁陪伴著她，為她壯膽、說笑話，舒緩她的不安。

醫師詳問之下才發現，她誤以為薄荷的清涼感能紓緩燥熱，一直以牙膏當作臉部清潔用品，殊不知愈洗皮膚愈乾燥脆弱，需要重新導正觀念。

雖然眼藥水能提供暫時的滋潤與修復，但終究不是解決之道，眼科醫師建議她接受植皮手術，她堅持不肯。

一來，她對醫療感到陌生，認為手術必將帶來沈重的經濟負擔；二來手術後到拆線前，長達半個月必須蒙眼的黑暗期，需要有人照料；還有一個最大的擔心是，萬一手術失敗，往後的生活怎麼辦？她寧可這樣活下去就好。

志工們花了半年的時間取得她的信任，有健保，也有慈濟補助，醫療費用大可放心，王麗香師姊更是自告奮勇地說：「我當你的親人，我做你的枴杖！」

心中有個小小夢想

雖然阿幼的容顏已經變形，頭髮也嚴重脫落，但內心依然住著一個愛美的女生。聽我詳說植皮手術的細節，忐忑不安的她不時看向麗香尋求支持，最後，我們終於一起敲下了住院的時間。

移植的皮膚取自大腿，必須細細修剪成適合眼皮的厚度和尺寸，一針一線為她縫補。麗香師姊特地向家人請假，全心陪伴阿幼住院，每天巡房時，她不是在為阿幼餵食，就是在幫她擦乳液，情比姊妹深。

出院後，師姊每天清晨風塵僕僕騎五十分鐘的機車到阿幼家，從起床後的梳洗開始，餵飯、打掃、用大灶燒柴煮水幫她沐浴、洗衣，直到扶著阿幼上床就寢，自己才吹著夜風騎車回家。

在阿幼雙眼看不見的黑暗時期，內心感受到未曾有過的光明，聽師姊分享不同的人生故事，她自艾自憐的心靈開始起了悲憫的力量，拆線後不久，她跨出了手心向下的第一步，跟著志工探訪鄉裏癱瘓臥床的青年人，體會到自己的人生依然大有可用。

從志工和同仁的陪伴中，她發現人們的關懷與溫暖，遠大於歧視和不解的眼神，這幫助她能一點一滴突破內心的障礙，她在村裏做起環保志工，做好事同時兼顧運動和復健，而鄰居看她做得歡喜，也生起了一起做環保的意願。

那年，醫院為南亞大海嘯舉辦勸募義賣活動，羞澀的她在人群裏努力喊出聲來，向醫師、民眾們募一分愛心助人。

她也進入校園、社區裏做生命教育的分享，讓學子、民眾認識、接納不同外觀的人。她雖然不識字，訥口少言，卻比許多能言善道的人更令人尊敬。

在今日社會裏，聽到有父母因為顧忌疾病的汙名而將孩子藏在家裏，是令人感傷的事，阿幼能在半百人生鼓起勇氣脫離宿命，非常了不起。

他們不但和你我一樣，都有一顆敏感柔軟的心，都需要被人群理解與接納。這場手術重建的不只是眼皮，更是她對自己和整個社會的信任。

這些年來，還有一件令我印象深刻的事，五十多歲的她，對師姊說出自己的夢想——乘著火車看窗外的風光。夢想聽起來很微小，卻是過往無法成真的事，師姊帶她實現了。

他們搭著火車到大林、到花蓮，在充滿新鮮感的體驗中，心扉也漸漸打開了。

醫術可以改善她的皮膚、眼睛和身體狀況，但醫術做不到的，是讓足不出戶的她走出禁錮的心靈，對世界敞開胸懷。醫療走出醫院，和社區志工結合後，找到這些躲在暗角的病人，讓身體的治療、心靈的關懷與生命的復健得以同步進展，提升生命的價值感。

在慈濟志工平凡的行動中，看到了不起的菩薩精神，人與人之間真誠的互動，總能為我們心中注入一股暖流。

這是我們鼓勵年輕醫師走出醫院關懷社區的原因之一。醫學專業愈來愈專研，分子生物的世界愈探索愈深入，但當我們能說出一個個病人的故事，就不會遠離以人為本的醫療初衷。

探索小乾坤

臉皮到底有多厚？

魚鱗癬患者皮膚角質化異常，角質特別厚而層層剝落，若沒有正確保養，皮膚經常處在受損狀態，造成汗腺功能低下，夏天無法正常排汗而體感發熱、發燙，冬天又容易龜裂痛癢，十分辛苦。

皮膚是人體表面積最大的器官，成人的皮膚表面積約一點六平方公尺，占體重的百分之十六。天氣寒冷時，人的皮膚血管會收縮，減少體熱的散失；當體溫上升時，皮膚血管會擴張，幫助身體散熱，但若外界溫度超過三十六度，就必須以排汗來幫助調節體溫。

皮膚包含了表皮、真皮、皮下組織三層構造，表皮角質可以保溼、防止有害物的入侵；真皮層則有毛囊、汗腺、皮脂腺、淋巴、血管，與感覺神經的末梢，可以靈敏地偵測觸、痛、溫、壓等感覺。

人體不斷新陳代謝，表皮的基底細胞會不斷分裂產生新細胞，從內往外層層移動，最後變成死去的角質，週期大約四到六週。所以人的皮膚表面，每天都有死掉的角質層，也就是垢，若長期不清潔，死掉的細胞與分泌物會成為細菌孳生的溫床，造成感染的問題。

馬克吐溫說：「人是唯一會臉紅或需要臉紅的動物。」當人心虛、害羞、緊張時，交感神經亢奮，臉部微血管擴張，會出現臉紅的現象。有些人信口雌黃、心口不一，仍然臉不紅、氣不喘，就會被人說是厚臉皮。不過這只是比喻，其實臉皮一點也不厚，不含皮下組織，人體的表皮厚度大約零點一到零點三毫米（大約一張紙的厚度），眼皮厚度更只有零點零四毫米，是身上皮膚最薄的地方；最厚的部位則是腳掌，大約一點三毫米，是眼皮的三十三倍。

人體充滿了各種巧妙的設計，有這麼薄的眼皮，在保護眼球之外，人們才能接收到晨光的刺激，從睡眠中將大腦喚醒。

醫療不能與社會脫節　走出醫院往診　其實是走進醫療的深度裏

陋室中的生活智慧

藏在美景背後的困境

大林慈院啟業義診第一天，急診室就來了一位八十多歲的老婆婆，因長年慢性病纏身，腳部潰爛的傷口爬滿了蠕動的蛆，令人印象深刻。

當時臺灣實施全民健保已超過五年，醫療水平也已相當先進，然而雲嘉青壯人口外移，老人、弱勢族群就醫困難，上人選擇在醫療資源末段班的嘉北地區蓋醫院，就是為了實現醫療普遍化的理想，急診送來的第一位病人，就更提醒著我們，這裏是臺灣最老、最貧窮的地區之一，要用心將醫療送到病人走不出來的地方。

醫院啟業後幾年，同仁與社區志工及人醫會結合，深入困難的家庭往診，體會到有時病人走不出來，不是因為距離遙遠，而是有著讓人想像不到的困境。

一個秋日的早晨，我們來到距離醫院四、五十公里外的雲林農村，三合院前埕鋪滿了金色乾草，景象不輸梵谷筆下的麥田，若不是一旁有人介紹，一時間還不易發現乾草的基部是一球球的雪白大蒜，這是每年產季的特殊場景。

雲林不但稻米生產量居全臺之首，也是臺灣最大的蒜頭產地，農民日出而作，日落而息，過著辛勤勞作的簡樸生活。

我們要探訪的吳先生，就住在三合院旁的矮房裏，事前透過志工的提報資料得知他的背景：獨居、脊髓損傷、臥床，時間已長達將近四十年，由於下肢皮膚嚴重潰爛，慈濟訪視志工尋求人醫會的醫療關懷。

幾個關鍵字就足以令人不捨與憂慮，然而踏進家門，他卻給每一個到訪的醫護人員帶來震撼心靈的生命教育。

小小陋室，整潔寧靜，沒有異味；長年臥床，沒有褥瘡，還能自理日常所需；下肢皮膚潰爛，他用紗罩覆蓋，兼具通風又可以避免蒼蠅沾附。床旁放著幾支竹竿，他能用來開關電視機，將垃圾、尿布撐到窗邊的垃圾袋裏。

最重要的是，他臉上的笑容親切又自然，不被命運擊垮的生命力，令人由衷佩服。

醫師提著醫藥包走入病家治病，在古早社會並不陌生，但隨著醫療型態轉變，這種場景早已不復見。當時的臺灣並無所謂的居家長照服務，但同仁們願意利用休假走出醫院，化不尋常為尋常。

走出醫院，才看見白色巨塔以外的風景，從病人的居家環境和家庭互動中，體會人生百態，也常能發現病痛的真正根源，那是在診間與開刀房裏無法了解的人間實相。有時，我們也在病人身上學到了難以想像的生活智慧。

人情味，古早味

吳先生年輕時曾是農會倉儲搬運工，二十六歲那年，被堆高塌落的稻穀壓傷，胸腰椎骨折導致下半身癱瘓，腰部無法直立，他也無法坐上輪椅，臥床直到七十多歲。

照護傷口對醫護人員來說算是輕而易舉，但走進他小房間，我們卻像來到生活小學堂，由他教授了一堂課。他的床旁整齊排列各種工具：一口小瓦斯爐，用來烹煮親戚為他準備的食材；一座小水槽，他自行洗臉刷牙、清洗鍋碗瓢盆，洗完的衣服還能用竹竿撐出窗外晾晒。

儘管失去了許多，他卻能從身體的障礙中，摸索出一套自我照護的方式，將僅有的功能發揮到極致；而醫療和慈善的補強，則讓他的生活品質更提升。

有時，同仁教他吹陶笛，他的房間彈跳出輕盈樂音；有時，同仁的孩子為他唱歌、畫畫，房間裏充滿笑語；當他感冒引發肺炎時，同仁自發性出動，將他送去住院。

充滿人情味的互動，往來在醫院和案家之間，醫師和志工與他有著不只是醫病關係的情誼，那更像是古早的人情味。

可貴的是，親戚、鄰居數十年如一日的照顧，一日的農忙過後，他們會來找他串門聊天，幫他備米、買油、倒垃圾，彼此關係很溫馨。

看見這樣樂觀的生命力，不怨不尤，還能自立生活，反而能讓我們從煩惱中抽離。往診並不是單向的付出，往往學習到更多，重新獲得心靈的感動。

社會變遷，醫療環境改變，我們有可能在不知不覺中，離棄了那些真正需要醫療的人。在吳先生家，我看到的是那分不棄的精神，幫我們重新擦拭醫療的本懷。

在高速運轉的忙碌中，生活也需要按下「Reset」功能，如同電腦重開機，將糾葛的錯誤清理掉，運算會更順暢。走出醫院就有這樣的功能。現代醫療工作忙碌，壓力緊繃，沈重的制度有時會令年輕醫師感到灰心。但若只是待在診間，醫師很容易只看到傷口，而看不到傷痕、傷痕背後的人，走出醫院，開闊的不只是視野，也能得到許多提醒，理解傷口背後的全貌。

病人為何反覆感染入院？為何相信偏方而導致更嚴重的感染，甚至面臨截肢的命運？回到診間，遇到下一個病人的傷口，我們會更理解背後的故事。

當我們能多花一點時間與病人互動，讓病人感受到我們的理解，讓他們建立信心，就能得到更好的醫囑遵從性，達到更好的治癒效果。

走出去才能看到社會，而醫療是絕對不能與社會脫節的。

探索小乾坤

直立行走的代價

脊椎是上半身重要支柱，承擔身體大部分重量，它是由三十三塊骨頭組成，另一個重要功能，就是保護脊髓。

脊髓是腦部延伸出來的中樞神經系統，負責協調軀幹和四肢的運動和感覺，多數的脊髓損傷是外在的創傷所造成，損傷部位愈高、受傷程度愈重，對運動、感覺與日常功能的損害愈大，透過復健，有機會修復一部分的神經和功能。

人與人之間硬碰硬，常常都會造成傷害，身體結構很清楚這個道理，所以骨頭與骨頭的交接處會有結締組織、軟骨做緩衝，每一塊椎骨之間也有椎間盤的構造。

像果凍般具有彈性的椎間盤，有吸震緩衝的功能，能分散脊椎的壓力，但也可能因為長期姿勢不良或施力不當而病變，椎間盤突出後刺激局部神經，就會造成疼痛與麻痺感。我們很少聽到胸椎痛，但卻常常腰椎疼痛，因為脊椎中，腰椎的負擔最大。

假設直立站姿的脊椎受力是百分之一百，人在平躺時，腰椎受力約為百分之二十五；上身端坐時，腰椎負荷增加至百分之一百四十；而坐姿上身前傾二十度時，腰椎負擔會增加至百分之一百八十五。若又彎腰提取物品，承受的壓力就更可觀了。

坐姿的腰椎負荷比站姿還大，因此久坐一族務必注意坐姿，頭頸自然挺直，椅子坐好坐滿，腰背要用靠墊分散壓力，更要定時起身活動；鍛鍊強健的腰部核心肌肉群，則是平時最好的護腰。

直立行走是人類最重要的功能，但脊椎也因此承受著巨大壓力，椎間盤從二十歲左右就會開始老化，不良坐姿長久不動，更容易發生早發性脊椎退化，所以良好的姿勢是從小就必須養成的習慣。

互助　社會才能成長與卓越　冷漠　難以得到真正的快樂

・醫師上門・

我來，我見，我改變

多年來，我會固定安排時間到病人家往診，這個在現代醫療已經很少見的模式，在慈濟醫院很是平常。

原因很簡單，醫療的服務對象是人，而醫療弱勢的民眾，與長期為社會付出的志工，更需要我們多用一分心力來關懷。若是固守醫院裏，往往容易只看到病，而不是人；長期只在辦公室裏看數字，管理可能會失去靈魂而偏頗。

醫學是科學，醫療是文學，有專業的框架為骨，還要有溫暖的互動為血肉；醫院不是工廠，醫療不只是改變疾病，更是改變生命的工程，生命不是用數字管理來改變。

走出醫院、走入人間，看到的就不只是數字，而能看到背後的故事、看到醫師點滴用心的身影、看到病人生命的改變，建構出慈濟醫療的人文風貌。

在大林慈院服務時，跨單位同仁群策群力，用自己的時間、精神，做了對病人影響深刻的事。

阿超是住在雲林某家醫院的肌肉萎縮症患者，由於肺部已無法自主呼吸，必須二十四小時依賴呼吸器生存，臥床二十多年來，他一直希望能把母親和自己奮鬥的歷程書寫下來，儘管他意識清醒，卻無法發出聲音、身體動彈不得，全身上下只有大拇指和食指能稍微活動，護理師曾經嘗試不同的方法，但都失敗。

一位曾在該院服務的護理同仁，轉來大林慈院服務後，發現慈濟人可以從許多角度深入協助個案，便將病人的困境告訴醫院同仁。

同仁們雖然與他素昧平生，卻仍積極設法協助，在多次到該院探視評估後，串聯起許多部門和資源，包括尋求嘉義大學的教授協助設計電腦軟體及操作輔具，掏腰包、費心力，讓他擁有一部特殊的電腦，他的靈魂終於不再被身體禁錮，而能跟外界溝通，跟世界接軌，而他用生命和血淚寫下的文字，也由慈濟人文志業出版了《一百二十度的天空》。

有了這次經驗，後來醫院裏有其他高位頸椎損傷的年輕患者，同仁很快為他找到適合的電腦輔具，將想像化為實現。

同仁在做的事情並不是創新，而是呼應著慈濟醫院從建立以來一直在做的事情。貧與病經常是連體嬰，交錯糾纏之下，讓一個家庭看不到希望，而上人是慈濟第一個動連體嬰手術的人。

早年花蓮還未建立慈濟醫院，每當發現貧病交迫的東部個案，上人不只是濟助金錢和物資，也想方設法將患者送往北部開刀，希望貧與病可以被分離。花蓮慈院啟業後，慢慢承擔起重大醫療任務，爾後隨著大林、臺北、臺中慈院啟業，能影響的層面就更深更廣。

公元前半個世紀，凱薩大帝（Julius Caesar）在一場戰事捷報中，留下了一句經典口號：「I came, I saw, I conquered（我來，我見，我征服；拉丁原文：Veni, Vidi, Vici）」，後人傳誦和引用至今。

用來詮釋往診的心情，我做了一些轉換：「I came, I saw, I teared（我來，我見，我流淚）」走入真實的人間路，看見暗角的苦難人，它會改變醫療僵固的心，找回柔軟和彈性，但除了不捨與感傷，我們可以更積極一點：「I came, I saw, I changed（我來，我見，我改變）」

改變生命的動力來自關懷。醫療品質的提升，不只是靠量化指標與高端設備，當同仁能用心貼近、感同身受病人的需要時，自然會注意細節、精進專業；人文與專業相輔相成，醫療品質才能真正卓越。

走出醫院，其實是走進醫療的深度裏。

利他是人類的基因

大部分病人都是自己上醫院求助，但在臺中慈院，卻常常有醫師自己找上病人的家門來醫。

陳先生被救護車送到急診室，會診神經內科醫師後，發現他不只有感染、發燒等問題，還患有帕金森氏症。出院一段時間後，居家醫療小組護理師發現他一直沒有回診，於是找傅進華醫師主動前往居家訪視，才發現他不是不想回診，而是來不了醫院。

醫護人員循著地址，穿越過一片公墓後，岔路窄到車子開不進去，只好下車步行，但小徑荒涼偏僻，看不出來會有住家，找了半天才發現一個極為狹窄，屋頂甚至破了洞的鐵皮屋，陳先生就躺在床上，連走到門口的力氣也沒有，難怪他無法回診。

這個住家極為簡陋，四壁和屋頂是由好幾塊大小不一的鐵片、鋅版拼拼湊湊而成，被褥床鋪潮溼發霉，鍋碗中的食物腐壞長蟲，屋裏屋外被垃圾包圍，氣味十分複雜。

醫師診療後，回醫院開了藥再送往案家，但心裏總是感到牽掛，數度前往探視，自掏腰包幫他買熱水瓶、延長線，殷殷叮囑用藥的方式，思考著如何更深入地予以協助，醫院社工正著手轉介慈濟基金會共同關懷。

聽到同仁轉述陳先生和傅醫師的故事，我想，一位醫師的力量有限，我們可以結合更多醫護同仁和志工，「一人一善」匯聚起來，就會產生出更多的可能。

那時正值十月份，我想起「一〇一三」這個意義重大的日子，邀約同仁在十月十三日這天，一起來協助案家打掃。

這個日子緣起於二〇〇一年，臺灣接連發生重大天災，美國更遭逢九一一恐怖攻擊事件，兩棟摩天大樓在世人眼前垮塌，美阿戰爭旋即開打，世界動盪不安……證嚴上人有感天災人禍的根源起於人心，自十月十三日起啟動「一人一善，遠離災難」的愛灑人間運動，募人人一分清淨的愛心、善念，力挽人心失序、大地失調的狂瀾。而這個運動至今依然在世界各地持續著。

打掃這一天，許多同仁加入幫忙，工務同仁為他修繕屋頂和水電管線，總務同仁一趟又一趟清運垃圾，社工和人文室準備了全新的棉被、床墊和整理箱，還有許多醫師、同仁出力幫忙清理，才能讓環境一點一滴看見改變。後續，還會接軌慈濟志工，希望能對他的病情和生活帶來更多的幫助。

孟子有一次拜見梁惠王，梁惠王問他：「叟！不遠千里而來，亦將有以利吾國乎？」孟子回應他：「王何必曰利？亦有仁義而已矣！」(註1)

註1：出自《孟子・梁惠王上》。簡譯：梁惠王問：「您老人家不遠千里而來，將為我國帶來什麼利益呢？」孟子回應：「王何必講求利益先行呢？只要有仁義就夠了。」

在講求功利的時代，我們會忘了人與人之間單純的互動。數百萬年前，人類在大草原、叢林中站立起來，並發展出獨特的思考力和創造力，但人類既沒有尖牙利爪，也沒有兇猛的爆發力，個體之力極為單薄，需要靠族群的力量而生存，因此人類必須互助，人性中擁有利他的ＤＮＡ，是虎、豹等獨居動物所沒有的。

我們常說「助人為快樂之本」，老子在《道德經》裏也說，「既以與人己愈多」（註2）。付出讓人到滿足，助人使人喜悅，並不是深奧的修行道理，而是來自人類的基因設計，大腦會為正確的行為作出獎勵。

唯有互助，人類社會才能成長與卓越，若是違反人性而選擇冷漠，很難得到真正長久的快樂。

註2：《道德經》第八十一章，「既以為人，己愈有；既以與人，己愈多。」簡譯：愈是幫助他人，自己感到愈充實；愈是付出，內心反而更豐富。

身為院長，就是要為同仁建構平臺，讓善的基因得到發揮。同仁有心付出，醫院就做他們的後盾，進而帶動更多人，影響更多家庭。這也是臺中慈濟不同於其他醫院的地方。

罕見疾病兒妮妮

關懷罕見疾病兒妮妮一年多，每當看到她緩緩地進步，那怕只有抬起手、開口笑，都讓人興奮不已。她漂亮可愛的臉蛋上，插著一支突兀的鼻胃管，雖然才五歲，卻已經多次腦中風，接受過緊急腦部手術，從原本的伶俐活潑變成癱瘓在床，讓人心疼。

妮妮經由中部的醫學中心診斷出罹患罕見疾病，目前醫學上唯一的治療方式，就是施打特殊的抗凝血劑，避免一再血栓中風，但一個月要價四十萬的藥品不在健保給付範圍內，發病幾個月來，很快就花光父母的積蓄，年輕爸媽為了救女兒，考慮賣掉現在的住所，慈濟基金會在接獲提報後，緊急補助醫藥費，陪伴他們度過難關。

在志工早會裏，聽到上人對這一家人的關心，我想醫療志業更應該積極協助，立刻聯繫了神經內科郭啟中和復健科蔡森蔚醫師一同出訪。

當時小妮妮也已轉介到臺中慈院做復健，雖然她的語言和運動功能嚴重受損，但認知功能很好，幼兒的神經可塑性高，及早配合復健對身體各方面會有很大的幫助。

子女重病，長輩的擔心永無止境，常會為了照顧病人而疏於關心自己，因此照顧者也是我們不能遺忘的對象。

往診時，意外發現妮妮的阿公因為患有糖尿病，腳部皮膚已經產生病變，便請阿公和孫子一起來就診，讓我們一起照顧。

妮妮的故事引起社會上眾多人士的關心，用不同的方式表達祝福。他們是虔誠的基督徒，而我們來自佛教團體，但愛與關懷沒有隔閡，面對打針不流淚、不喊疼的妮妮，與扛下壓力搶救孩子的父母，我們用一分真誠善意來守護。

某個星期五上午，臨時安排了一趟特殊行程，邀院內醫師一同赴嘉義為一戶弱勢家庭往診。我做事習慣劍及履及，那天雖是門診日，但從志工早會得知案家情況特殊，就決定加快腳步關懷評估，於是壓縮行程，下診立刻前往嘉義，回臺中後，又馬不停蹄依照原定計畫上山看望妮妮。

那天她精神很好，身體活動狀況進步良多，我們共享了一段充滿笑容的時光，卻沒想到這是我們最後一次見面。

星期一上午得知妮妮過世的消息，結束門診後，我與復健科蔡森蔚主任前往慰問，聽說她腦部大量出血，過程很突然，但並沒有太多痛苦，家人的沈著坦然回過頭來安慰了我們。

不同於過往父母臉上的痛苦和憂傷，這段期間，家人同心努力，也感受到許多人的支持，在彼此生命中留下更多美好的印記。

妮妮用生命力寫下的詩篇，不只影響了父母，也讓醫護人員印象深刻，彷彿是用生命再次提醒我們，行善不能等，把握因緣積極付出，才不會空留遺憾。我們還要再將這分正面的生命教育分享出去，喚起人們對疾病的理解和關懷，讓彼此心頭不留殘影，還能變成更多人生命中的星星、月亮和太陽光輝。

探索小乾坤

當我們一起

在各國的公共衛生政策努力下，人們開始了解慢性疾病造成的全身性傷害，懂得重視血壓、血糖、血脂肪的控制，知道長期抽菸會增加癌症、心血管疾病、慢性肺病、消化道疾病、骨質疏鬆等，還會對腦部造成損害。

但在二十一世紀，還有一個影響人類至深且鉅，需要大家一起關心的重要課題——孤獨，正在逐漸吞噬人類的身心健康。

維偉克·莫西（Vivek H. Murthy）先後在美國歐巴馬政府與現任拜登政府擔任公共衛生署長，以流行病學的觀點呼籲社會重視孤獨，他在《當我們一起》書中指出，長期感到孤獨的人，相當於每天吸十五根菸，罹患心臟病、高血壓、失智、憂鬱症、成癮、暴力、自殺的風險大增。

這裏的孤獨是指缺乏與他人真實連結的感覺，感覺到孤立、不被理解與接受。研究顯示，孤獨會讓人感覺到痛，當人感覺到被迴避時，大腦的活動狀態與被人打了一巴掌相似。

人類之所以能在地球上生存下來，並非以體型和力氣取勝，而是靠彼此之間強大的連結。現代社會不斷在進步，但人與人的疏離感卻增加，這違背了大腦的設計，即使擁有華宅與地位，也未必能真正感到快樂。人際間真誠互動的溫度與情感交流，不是網路社群按讚留言數可以取代。

英國、日本在近年相繼設立「孤獨事務大臣」，整合國家資源來解決這個重要的問題，顯示我們要正視孤獨的危害。

承認孤獨並不是承認自己脆弱，更像是一種訊號，提醒我們需要做一些改變，如同肚子餓了需要進食，身體冷了需要添衣，書中為我們開出了社會處方箋：每天花一點時間陪伴自己所愛的人、把焦點放在彼此身上，擁抱獨處的時間、幫助他人也接受別人的幫助。

聖雄甘地（Mohandas Gandhi）曾說：「找到自我最好的方法，就是在服務他人中捨棄自我。」在互助中，我們建立起真正的連結，彼此關懷而成長，如同莫西在書裏說的，疏離的時代，愛與連結是弭平傷痕、終結孤獨的最強大復原力量。

醫學會不斷進步　但關懷是醫療永遠不變的核心價值

不輕言放棄

捨不得放棄你

二〇一九年三月，我完成《大愛醫生館》第五千集的節目錄製，步出攝影棚時，一群同仁和志工簇擁而來，為我和製作團隊獻上祝福與喝采。捧著大花束的阿春，在人群之中顯得特別，情緒高亢地訴說著感謝的心情：「我當初放棄（自己）的時候，你沒有放棄我。」

雙腳還在復健中的她，堅持要讓我看見她走路的樣子，步履雖然緩慢，但每一步都踏得很穩定，我開心也欣慰，堅定地對她說：「我們都不會放棄你。」

認識阿春的時候，她四十六歲，卻已經不良於行三十多年。志工將她帶到我的診間前，我已約略知道她的背景，希望能與志工一起為她帶來更好的未來。

十四歲時，阿春遭遇了一場車禍事故，右腳骨折受傷，送醫後打了石膏固定傷肢，沒想到拆卸後踝關節無法正常活動，重新經歷一次手術後，終於能勉強行走。

雖然活動度大不如前，但身為單親家庭的長女，責任心驅使她不斷向前打拚，心想只要能走就好了，把疼痛不適拋在腦後。

阿春在七歲時，父親就車禍往生，母親獨力照顧外公和她們四姊妹的辛苦，她都看在眼裏，一心希望能分攤母親肩上的重擔。她從小半工半讀，十八歲就和母親一起買下了一棟房子，那時右腳掌雖已逐漸外翻，但她也無心處理。

後來，她在上班途中又發生了一場車禍，損傷了原本功能良好的左腳，手術後膝關節雖然疼痛無力，她仍不以為意地繼續上班，幾年下來，左腳板竟也逐漸外翻變形。

當她雙腿打直時，腳掌宛如一對「筊杯」，連鞋子也無法穿上，走路疼痛不堪。從客廳到廚房短短幾公尺的距離，她得走走停停，且無力久站，當然也失去了工作機會。妹妹們相繼離家、出嫁，不幸的是後來母親也因車禍腳殘，阿春便留在家中照顧母親。

慈濟志工登門訪視，幾經評估後，協助她修繕破損坍落的天花板，也改善了無障礙空間，原本要將她們列為長期照顧戶，但阿春認為母女倆已有政府補助，省吃儉用仍能安穩過日，不但婉拒經濟補助，還將小零錢投入竹筒，捐給慈濟幫助其他困難家庭。

「要不要考慮開刀，把腳弄好？」「不要，絕對不要。」志工幾度鼓勵她再次接受手術治療，阿春都斬釘截鐵地拒絕。

「錢的部分，你免煩惱，我們大家會一起想辦法。」儘管慈濟會幫忙醫藥費用，但她內心更擔心的是，萬一手術失敗，再也站不起來，年邁傷殘的母親誰來照顧？

坎坷的成長經驗，讓她感覺到自己的卑微渺小，也堅持再多困難都不輕言放棄，不向命運低頭。而面對堅持的阿春，慈濟人也沒有放棄，持續互動關懷。

找回失落的愛

兩年多後，志工終於把她帶來我的診間接受醫療評估，但我始終能讀出她眼裏的猶豫。門診過後，發現她一直沒再回來醫院，我決定帶著平板電腦和她的X光片，親自到訪細說分明，幫助她建立信心。

骨骼的變形磨損，可以開刀矯正，但復健期間媽媽由誰來照顧？我知道，這是她最在意的事情。

「臺中慈濟護理之家有很優秀的照護團隊，你專心接受手術治療，媽媽交給我們來顧，出院後，你也可以暫時住進護理之家，一邊跟媽媽作伴，一邊就近復健。」

我們提供的方案，加上大家一起鼓勵，終於讓她點頭答應開刀。經過骨科陳世豪醫師的兩階段手術和辛苦的復健，母女倆終於在三個月後一起平安返家。

回家前，阿春特地來到我的辦公室，不顧右腳還打著石膏，興奮地從輪椅上站起來，向我展示復健成果。

矯正變形長達三十多年的膝蓋和腳掌，復健過程極為痛楚，儘管我並非他的主治醫師，但她對同仁透露，我在他心中像是慈父，為她打氣、給她信心；陳世豪醫師則如嚴父，叮嚀她要認真復健，不能有惰性。

七歲喪父的她，同時體會到慈父、嚴父兩種關懷，覺得「這是很幸福的事！」

醫院的英文字hospital，與hostal（旅館）、hospitality（熱情、好客）

有相同的字根，正是因為西方醫院制度緣起於中世紀的慈善人文思想，神職人員為長途跋涉的旅人提供庇護所，並照顧傷病的窮人，讓身心靈勞頓受苦的人們得到安頓，後來逐漸演變成為制度化的照護場所。

中世紀醫療並未專業化，療傷止痛和心靈膚慰是最重要的本質。工業革命帶來各種技術的突破，技術導向逐漸取代了心靈導向。現代醫學教育重新重視醫學人文，因為在高度專業化之後，醫師更需要人性關懷和社會關懷的底蘊。

醫學不斷地進步，但無論環境如何遷變，關懷是醫療永遠不變的核心價值。

沒有辦法治癒的疾病，因為用心聆聽而峰迴路轉；跟病人溝通，用耳朵聽，永遠比嘴巴重要。醫療人文是醫者內心深處最細膩的愛，體現在真摯的關懷互動中。

探索小乾坤

關節莫卡關

堅硬的骨頭撐起人類的身體，但如果沒有關節，我們就無法活動自如。

成人身上平均有兩百零六塊骨頭，關節則有大約兩百五十至三百個，依照活動程度，可分為不動關節（如頭蓋骨之間的連結部位），牢固地保護重要器官；少動關節（如脊椎），可以有限度地活動，並保護內部重要的組織；可動關節（如肩、肘、腕、指節），身上大部分關節都屬於這一類。

人體最大的關節是膝關節，構造非常複雜：硬骨之間有關節面軟骨，避免骨頭碰撞摩擦；交錯的韌帶提供了穩定性；中間的腔室會分泌液體輔助吸震；外圍則有肌肉包覆而讓我們能自主活動。

人類是直立動物，使得脊椎、膝蓋與踝關節承受特別大的壓力。下肢活動時，膝蓋承受了數倍於體重的力量，所以容易受到傷害；以退化性關節炎來說，膝關節的發生率僅次於脊椎。

由於膝、踝關節在人類活動中擔負很重的任務，對活動力影響甚鉅，因此若是受傷，行、住、坐、臥生活品質都會造成嚴重影響，甚至會喪失社交意願、造成情緒低落。

人體器官用進廢退，關節的設計就是要用來活動，我們要善用與善待。維持關節靈活，更可以強化心肺功能，促進身體健康；若久坐不動、活動度不足，關節反而容易僵硬與萎縮。

控制體重、鍛鍊健康發達的肌肉，是保護關節最重要的方式之一，活動時，穿包覆良好的布鞋或運動鞋，可以加強對關節的保護。

急難醫療

災難背後　總有愛的凝聚　莫忘患難中的真情

九・二一大地震

走在最前的身影

慈濟師兄和國軍們小心翼翼地搬運著大體，一具又一具。九二一大地震經過兩、三天了，罹難者的統計數字還未停下來，中部災區滿目瘡痍，鄉親還未從驚嚇的情緒中走出來，有人焦急不語，有人號啕哭泣，倚靠在穿著藍天白雲的慈濟志工肩上。

白色屍袋滲出了血水，志工們臉上沒有不安與猶疑，身上的藍色制服溼了又乾，在前胸後背和肩膀上，產生一片片白色的鹽巴結晶，宗教情懷與慈悲心超越了怖畏，在他們的行動中，我看到更多的是對往生者的尊重與疼惜。

每一個人都在盡心竭力，讓生者心安，往者靈安。

那是截至當時的人生中，親眼所見最慘烈的災難景象。整排透天厝的二樓變一樓，大廈的四樓以下全部消失，公寓堆疊在地上，寺廟只見屋頂，被擠壓抬升的柏油路展示了清楚的大斷層，而甫挖掘出來的罹難者遺體、剛入殮的棺木，與斷垣殘壁並陳在道路旁。

與此同時，藍天白雲的身影鋪天蓋地穿梭在災區，他們沒有經過所謂的組織動員，第一時間出現的，都是本身就住在重災區的居民甚至受災戶，地震後不約而同換上制服出來幫忙，心有靈犀一般往人口相對稠密、災情較為嚴重的區域集結。

穿上制服，他們都忘記自己是受災人，而成為勇敢的慈濟人。

一九九六年的賀伯風災過後，證嚴上人推動社區志工制度，將慈濟志工重新編組落實於居住地，平安時就近訪貧關懷，守望相助，有難時即時聞聲救苦，接著在志工組隊與志業體的串聯下，形成厚實的人力與物力資源網絡，隨時支援前線。

直到國軍部隊出現前，村民自力救濟，同為社區一分子的慈濟志工，有些人投入搬磚搶救工作，有些人翻出自家冰箱、店裏的食材，架設鍋灶開始烹煮熱食、茶水，讓驚惶而又斷炊的鄉親，不至於餓上一餐。

而那時，天還未亮。

直到天色真正亮起，大家才真正確定，他們所在的世界樣貌變得不一樣了。

不久之前，我與志業體主管、同仁們走上花蓮街頭，為不到一個月前的土耳其大地震勸募愛心，許多花蓮鄉親熱心解囊，金額不多，卻充滿誠意，但各地都有不少志工遭遇民眾以冷漠、排斥的情緒相待。

那時的臺灣經濟蓬勃發展，國際政治處境卻面臨種種變數，社會大眾對於慈濟國際賑災的見解各異。九二一這一天，見證慈濟人一直以臺灣為本，深耕於社區各個角落裏的扎實力道，在最需要的時刻，發揮沒有動員的最佳動員。

而這一場地震，也震醒了臺灣人性中至善至美的那一面。

愛心及時匯流

一九九九年，二十世紀末，醫院醫師配戴的緊急聯絡工具還是BB.call呼叫機，行動電話並不普及，互聯網還未出現在世人面前。

深夜裏的強震時間異常漫長，隨後不久，又接連發生幾場餘震。身處地震頻繁的花蓮，雖有震撼，但度過了平安的一夜。

媒體插播的第一則災難消息，是北部有大樓傾倒，但大多數人都還不知道停電、斷訊的中部重災區，已有數以萬計的樓房倒塌、兩千多條人命逝去。

隨著各地志工陸續回報精舍的消息愈漸明朗，才漸漸明白這場地震的破壞力。天亮之後，一夜未眠的上人很早就來到醫院關心各單位情形，也促請醫院組成緊急醫療團，馳援中部災區。

當天午後，我率領三十多位醫護同仁，帶著器械設備和醫藥用品從花蓮出發，繞過半個臺灣，在傍晚抵達臺中分會，與各地人醫會、志工、民間組織和社會團體會合救災。

這時的臺中分會，睡袋、帳棚、各種物資已堆滿了視線，從各方湧入的志工忙進忙出搬運調度，也協助安置一些受災居民。熱心救災的駱駝吉普車隊集結在外，支援志工前進路況不佳的災區。

此刻重災區還有許多待救的鄉親在跟時間賽跑，得知東勢一帶高樓倒塌，死傷慘重，我也捨不得直接安歇，決定分散多組行動，前進東勢、大里等重災區，希望能把握時間幫上一些忙。

車輛駛離臺中市區，心頭愈來愈沈重，重災區全面斷電，入夜的東勢如鬼城般死寂，漆黑的暗夜遮飾了大地的創傷，讓我們看不清車外的真實景況。

臺中志工帶著我們來到東勢農民醫院，雖然建物損傷而滿目瘡痍，但周圍仍躺滿大量湧入的傷患。堅守崗位的醫療夥伴都忙得累壞了，我們留下了一組人幫忙接手值班，希望能分攤第一線醫護人員的壓力，爭取些許休息時間，儲備長期抗戰的體力。

雖然遠在東臺灣，但我們到達第一現場的速度並不落後，因為有志工們的迅速動員，讓我們知道急需醫療的地方，即時發揮救災效力。

第二天一早，三十多位醫護人員多組散開進行義診，支援埔里基督教醫院與受災居民的安置點。埔里育英國小校舍倒成一片，不敢回家也回不了家的居民，跑來空曠的操場露宿，走在斷垣殘壁旁，我也感到怵目驚心，餘震不斷之中，他們內心的驚惶令人擔心。

當地開業醫師紛紛提供自家診所的藥品和醫材，診所受損無法運作，但非常時期，醫療人員都希望能貢獻一分力量，將人力、物力提供給慈濟調度。

在行動電話不發達的時代，除了靠火腿族無線電即時通訊外，每晚回分會的救災會議，便是交換災區情報與醫療需求的重要時刻。事不宜遲，必須隨機應變，彈性調整醫療作業，若是凡事皆等候總部指令下達，就顯得僵硬遲緩了。

這是慈濟救災與當時政府體系的不同之處，這場地震也為臺灣上了一場深刻的災難應變課。

九二一之前，雖然參與過幾次海外義診，但大型的災難救援還是第一次；能在千頭萬緒之中從容應變，與外科的訓練基礎有關。重大手術前雖有沙盤推演，但手術中仍可能發生各種意料之外的狀況，瞬息萬變中，必須在當下的利弊得失與未來的可能性之間做權衡，達到最佳預後效果。

但更重要的是，慈濟前線醫療人員和志工不是單兵作戰，也不只是單一部隊，背後有著廣大的支援聯隊和後勤補給，甚至有像是戰地記者的人文真善美志工，及時傳送救災前線的資訊給更多人，延展出更大的社會資源網，幫助受災人復原。

莫忘患難中的真情

政府派出的緊急救護隊，陸續抵達中部災區，我們各自奔走，終於在三、四天後遇到代表臺大醫院出團的同學，他開口關心的不是其他，而是食物。他們斷糧了。

我趕緊將他們帶到慈濟的二十四小時熱食站，讓辛苦的大家享用一頓熱騰騰的餐食。

回想這一幕，內心依然感恩，慈濟社區志工平時功能編制完整，行動力十足，能在緊急需要時各就各位，不只照顧遭遇意外事故的鄉親，更是各路救災人員的堅強後盾，讓大家有充實的能量繼續走下去。

帳棚下，當時那些熱麵的美味，我至今依然深刻。日後轉赴臺灣西部的大林就任，與來自不同醫療院所的同仁成為慈濟一家人，才發現原來有人和我一樣，對於支援九二一救災時吃到那份熱食的感動念念不忘。

從那天的臨時醫療站開始，醫療團一梯又一梯以愛接力進入災區，後來花蓮慈濟醫院接受衛生署委託，在急難階段支援南投中寮的醫療服務。而往後更長的時間，仍有來自臺灣各地與海外人醫會專業志工，持續進駐鄰近災區，陪伴鄉親與當地醫療體系走一段重建復原之路。

災後馬上啟動籌建的十九座大愛村，都是各界愛心匯聚而成，男女老少投入營建、幫忙周邊工程，加速大愛屋的落成。

也正是在那個時期，全臺各地許多民眾受到這分善行的感動，而加入成為藍天白雲的志工。他們是慈濟人，也是各行各業的一分子，用行動讓社會更好。

後來的五十一所希望工程學校援建，乃至近年陸續協助二十多所老舊危樓校舍改建的減災希望工程，都是匯集全臺灣與全世界的愛心而成，要讓學校成為世世代代延續社會希望，也在需要時庇護眾生的處所。

二十多年來，我從花蓮、大林，轉而到臺中慈濟醫院服務，位處當年的斷層帶附近，我們曾對醫院同仁做過一次調查，發現不少年輕同仁對九二一大地震已不復記憶。

時空遷移，九二一成為受災居民生命中的烙印，雖然身體的傷痕可以撫平，但我們不能忘記歷史的痕跡，不能忘記人心之愛匯聚起來的感動。有愛才能消弭災難。

災難不只是災難，災難的背後，有著愛的凝聚；淚水也不只是淚水，淚水洗淨了視線之後，我們會看得更清楚。

患難可以看見人性中的真情，而這分真情不只是在那一個狹小的傷口上、在醫病之間，是人飢己飢，人溺己溺的情懷，是那種迫切走入災難現場的愛的衝力。

很感動能在每一個危難的時刻，見證一群人的大智、大仁、大勇和大愛。

醫療技術會不斷進步，但關懷永遠是醫療不變的核心。將這分關懷放諸世界上每一個角落，當各地發生緊急災難時，就是相互馳援、彼此扶持的機緣。

付出，能讓我們找回單純的初發心。當我們親身投入，在困厄艱難的場景中，在受苦人的眼神中，在愛與感恩的交流中，可以啟發單純的慈悲，找回感同身受的能力，那是自古至今人類社會最好的保護膜。

探索小乾坤

最佳動員

人類不斷在追求突破，在目前的世界紀錄中，百米短跑最快速度是九點五八秒，相當於每秒十六點七米，速度接近輕度颱風的中心風速，十分驚人。

為了應付各種外在的狀況，人類周邊神經傳導的速度可達每秒五十至一百二十公尺，神經訊號送到中央總指揮中心的大腦後，做出反應。

例如，眼睛看到手機螢幕到大腦指揮手指觸碰，大約零點二秒；腳踩到地面經過大腦指揮改變步伐，需要零點四秒。不過當遇到緊急危險時，訊號由眼睛傳入大腦皮層處理，而沒有進入意識處理，反應極限是零點一秒。

大腦有一百四十億個神經細胞，每個神經細胞有一百個到十萬個突觸，腦中相當於有一千四百兆個突觸，構成極為綿密複雜的神經訊號網絡。

大腦結構雖然複雜，但中樞神經系統中也有簡化運作的機制，將一些規律發生、不需思考的事情，交給其他部位來負責——腦幹有延腦、橋腦、中腦，負責調節呼吸、心跳和血壓，下視丘則負責維持腸胃蠕動和正常體溫。

即使大腦在休息狀態，腦幹依然維持運作，所以腦幹是生命中樞，沒有腦幹就無法生存。

正因大腦責任重大，所以需要休息，藉由作夢將白天接收的複雜資訊重新歸納整理或出清，如同電腦CPU在持續高速運轉後效能變差，重新開機能幫助回復狀態。若感覺疲勞還硬撐熬夜，依賴咖啡和提神飲料，那只是短暫地造成神經興奮、提供一時的燃料，時間久了依然會造成身體不堪負荷。

但若是整天不思考，或是遇到事情就放棄，那麼用腦幹活著就可以了！孔子說，「學而不思則罔，思而不學則殆」，思考是人類進步最大的推力，人類擁有獨特且發達的大腦結構，需要我們好好珍惜與運用。

人類需要從歷史經驗中學習　社會才能往前進步
在無常瞬變的時代　強化救災防護網之外　更需要每一個人敬天愛地

桃芝風災

哭泣的山體

工程車、採訪車、醫療車，在山壁坍方才剛搶通的單向車道外，等候依序前行。上百位從高雄趕來鹿谷支援的慈誠師兄，腳穿雨鞋，手拿工具，集結在施工中的橋頭，魚貫步行進入瑞田村協助居民清理家園。

九二一大地震過去不到兩年，桃芝颱風再次重創南投，光是瑞田村就有上百戶民宅遭暴怒的溪水肆虐，房子流的流，倒的倒，屹立不動的，也被土石、泥沙、漂流木所填滿。

不幸中的大幸，是這座村裏無人逝去，但在南投、花蓮的許多部落，卻沒有逃過浩劫，桃芝帶走了一百多條生命，還有一百多人失蹤，至今未能尋獲。

深陷泥沼中的居民無語問天，慈濟人大量湧進，幫助他們提起重振的力量。

二〇〇一年七月二十九日從花蓮登陸的桃芝颱風，在中央山脈盤旋了十個小時之久，隔天清晨才逐漸遠颺。長時間的強降雨在山脈兩側釀成了恐怖災情，娟秀的溪谷一夕變成了遼闊的巨石泥沙堆積場，溪床硬是抬高好幾公尺，世外桃源變得殘敗不堪。

八月一日一早，我與大林慈院醫護同仁前進南投，連續三天進駐不同村落設置醫療站，主動報名加入的同仁中，有九二一的受災戶，深刻理解居民的恐懼與辛苦，更能體會被及時關懷的重要。

「慈濟來了！」疲憊不堪的居民看到藍天白雲志工到來，沒有興高采烈，卻有一種看見希望的感覺。

風災過後，我們不是第一支來到災區的慈濟團隊，仍在為九二一災後復建而忙碌的南投慈濟人，在雨勢稍歇後就進來送便當、勘查災情，將災區困境傳遞給花蓮本會，串聯出各地志工投入協助。同一時間，花東志工、同仁也在一山之隔的花蓮災區流汗奔走著。

多數來就診的鄉親，精神壓力都很大，有些人兩天沒睡、衣物溼透，頭痛、感冒、咳嗽等症狀相繼出現；有些人因慢性病藥物、證件被水沖走，交通工具也泡湯拋錨，面臨治療中斷的問題；還有一些人在整理家園的過程中，皮膚外傷、眼睛感染，需要及時消毒治療。

山上有許多原住民部落，一些父母帶著生病的孩子來看診。在那又溼又濘的環境裏，小朋友張著圓滾滾的雙眼，用一臉的開朗天真，與大人們無能為力的表情，交相呼應，讓人難以忘記。

家園消失了，父母努力保護孩子不要受苦，但卻不知從何做起，志工發放應急金外，後續還有社會資源網接力關懷，在迫切時刻拉住彼此的手，陪著他們走一段。

不少山區部落成為孤島，靠直升機來來回回空投物資、接送病患。一位二十多歲的年輕人，一早就被空中警察隊以直升機送來慈濟醫療站，他的紅斑性狼瘡藥物被水沖走，災後多日無藥可用，癲癇症又發作，我趕緊開藥讓他服用，幫助他穩定病情。

與他相依生活的年邁阿嬤困頓又無助，當護理同仁、志工摟住她，心事遇人知的淚水滑落臉頰。災後的醫療站不只療傷治病，也是讓居民傾訴驚惶愁苦的心靈休息站。

惡水上的大橋

桃芝風災中，有一幕記憶至今無法抹去，是為罹難者採集ＤＮＡ親子鑑定的檢體。災後十天，好不容易尋獲的大體，因泡水、受傷，甚至肢體分離而難以辨識身分，失蹤者家屬急尋親人，也有些罹難者可能再也等不到親屬來認領。

我被引領到大體臨時安置區，落下器械之前，雙手合掌與往生者對話，表達誠懇的不捨與祝福之外，希望他理解我們的來意，讓團隊早日幫他找到親人，生者心安、往者靈安。

那是第一次，在天災中感受到直接而強烈的衝擊，不只有倒塌的房屋、破損的建築，更是大範圍的窮山惡水，和悲傷撕裂、無法好好述說的死別。

我們所能做的，就是積極的付出，透過醫療團隊的專業，幫失散的人們找到尋親的線索。

那時大林慈濟醫院才正準備迎接一周年院慶，研究部已建構了雲嘉區第一所親子鑑定實驗室，災後主動當不請之師提供援助，彌補了當時國家災害救助體系的缺口。

後來，有受災戶來慈濟服務站感謝志工，他們確實因此找到親人，至少入土為安，了卻一輩子的懸念。

臺灣島嶼山高海深，地狹人稠，二十世紀末經濟蓬勃發展而加速山區的土地開發。一九九六年的賀伯颱風，為過去安居樂業的臺灣人展示了土石流的破壞力，水土保持成為社會共同的課題。但直到九二一地震鬆動大地，土石流成了山區豪大雨後的常態災害，人們才逐漸意識到風、火、水、土四大不調的災難，與生活的距離原來這麼近。

緣溪而行，泥水不斷湧出山壁，道路愈走愈濘，暴漲的溪水挾帶著泥沙和漂流木而下，翻騰出驚心動魄的激流和漩渦，不禁想起杜甫晚年的悲愴詩句，「無邊落木蕭蕭下，不盡長江滾滾來」，生起深深的感觸與鄉愁。

我們都想念靜好的歲月，眼前天災卻如此無情，但又是誰加劇了災難的規模？我們都無法逃避這個問題。當人為的破壞力藉由大自然的力量回到自己身上時，卻是人們所無法抵擋的。

車輛行駛過災區橋梁，腦中迴盪起七〇年代的西洋經典名曲〈Bridge over Troubled Water（惡水上的大橋）〉，歌詞寫著：

When you're weary, feeling small（當你感到疲憊與渺小）
When tears are in your eyes（當淚水在你的眼中打轉）
I will dry them all（我會輕輕將它們拭去）
………
Like a bridge over troubled water（如同橫跨惡水上的大橋）
I will lay me down（我會躺下讓你走過）

每一句都貼切呼應著眼前的景象，面對惡水的肆虐與阻絕，受災居民感到疲憊、渺小與孤單，但哪怕情境再艱難，慈濟化身為橋梁，連結起他們最需要的醫療、物資與膚慰。

在大林服務那些年間，雲嘉南地區經歷了多次的風災水患，醫療團隊都在災後立即與志工會合，包便當、送熱食、義診、清掃家園，甚至緊急安置鄰近安養機構的長輩。

臺灣西部沿海地帶，因長年超抽地下水，地層下陷情形非常嚴重，連日強降雨又逢大潮時，容易發生海水倒灌而淹水，造成居民生活不便與財產損失。

而桃芝風災之所以令人更加深刻，是因為山河大地發出強烈的吶喊，提醒著人們，若再不改變生活方式、與大地眾生共生息，大自然反撲的力量將令人畏懼而且難以承擔。

九二一大地震、桃芝風災距今二十年過去，災後大片裸露的山體，如今再度回復層巒疊翠的綠意生機，我們會很驚訝大自然的修復力。但這也表示，人們可能會遺忘災難的痕跡，對大地的教訓充耳不聞。

人類需要從歷史中得到教訓，社會才能往前進步，在無常瞬變的時代，強化救災防護網之外，更需要每一個人的敬天愛地。

探索小乾坤

生命的密碼

人體每個細胞核都有DNA，攜帶了我們的遺傳資訊。

DNA是非常細長的絲狀物質，結構呈現螺旋梯狀，寬度大約兩奈米（一奈米等於十億分之一公尺），若將一個細胞裏的DNA連接起來，長度卻能超過兩公尺，它們是透過特殊的折疊方式，精巧地收納在細胞核中。

DNA上只有A、G、C、T四種鹼基，兩兩對應，排列組合成我們的遺傳密碼，也就是基因。人體DNA共有三十億個鹼基對，如果有一個鹼基出錯，就會生病。

也正因每一個細胞裏面都有DNA，所以身體上任何部位都可以作為基因檢測的檢體。

細胞在分裂時，DNA與蛋白質會相互纏繞組成染色體，決定我們外型、智商及健康狀況等，人的染色體一半來自父親，一半來自母親，所以在我們的身上，會出現父母的特徵；而臨床上，家族病史也是醫師診斷疾病、了解成因的重要參考。

每一個人都是獨特的個體，但其實人與人之間基因相似度高達百分之九十九點九，人與猩猩也有百分之九十六的基因相似度，孟子說「人之所以異於禽獸者幾希」，從科學角度而言確實如此，生命之間應該要相互尊重與幫助。

遺傳固然重要，不過林肯說過一句名言：「人過了四十歲以後，要為自己的長相負責。」透過後天的學習、努力與修養，我們也可以成為命運的操盤手。

災區醫療需求具急迫性　要把握機緣才有付出的機會
緊急醫療照護要「走」出一條路　而不是「想」出一條路

莫拉克風災

遺憾的父親節

二〇〇九年八月七日，結構扎實的莫拉克颱風即將登臺，氣象局在前一天發布了臺灣第一次的超大豪雨特報，讓不少老一輩長者，想起半個世紀前損傷慘重的八七水災沈重記憶。

颱風登陸前，新聞媒體發出了種種示警，慈濟志工忙著關懷弱勢家庭和社區鄰里，提醒做好防颱準備，但沒想到颱風過境後，卻還是讓臺灣人體會到痛苦和傷悲。

警報發布，我結束在臺北的會議行程，驅車返回嘉義大林。身為院長，我所擔心的不只是醫院是否停班停診的決策，而是醫院周遭區域的鄉親安全。

車子愈往南部前進，只見雨勢愈加強勁，氣候變遷導致極端天氣釀成災害的情形，已是愈來愈頻繁，這回我也再度感到不容樂觀。

八月八日那天，全臺在大雨中度過了父親節，南部低窪地區開始淹水。颱風出境，西南氣流依然強勁，沒想到更大的噩夢，就在隔天清晨陸續發生。

屏東林邊溪潰堤導致淹水兩層樓高，高雄小林村在山崩中瞬間湮滅，臺東知本的溫泉飯店在眾目睽睽下倒入暴漲的溪水中，南投廬山的旅館民宿群被土石流吞沒……

整個中南部與臺東地區四處路毀橋斷，連多座重要的鐵路、公路橋梁也應聲而斷，民宅傾倒、良田毀滅，許多失聯村莊的災情，還是在颱風過後幾天，才陸續透過新聞畫面傳出。

慈濟人忙著就地救災，九日清晨，接獲同仁通報鄰近的民雄鄉金興村淹大水了。一千兩百個住戶中，有一千戶水深及腰、及胸，低窪地帶更是淹到二樓高。

水來得很急，村民沒來得及撤出安置，慈誠師兄和消防隊員幾乎同時出動救災；醫院各單位也很快就動員起來了，營養組同仁立即張羅出六百多份熱早餐，提供給受災居民和救災人員使用。

金興村，對大林慈院同仁來說並不陌生，卻屢屢是因為災難而結緣。

二〇〇一年桃芝颱風來襲時，位於牛稠溪行水區的金興村，因溪水暴漲溢堤而淹水。沒想到一個月後的納莉颱風，挾帶大量泥沙的溪水直接沖破堤防，讓居民經歷更大的浩劫。

當時志工動員緊急救助，醫院同仁也加入協助獨居老人、弱勢家庭清掃，連日設立緊急醫療站，居民和志工一身泥漿的畫面仍歷歷在前。後來政府雖然加高加固了堤防，這次卻還是無法倖免於災情。

金世界只是嘉義的其中一個現場，梅山、阿里山山區、東石、布袋沿海，處處滿目瘡痍；醫院附近的低窪村落也成了水鄉澤國，分不清路面、圳溝還是稻田，剛收割的稻草飄浮在水面遍滿了視野，一片狼藉。

莫拉克帶來了破紀錄的雨量，將臺灣一年的雨水在三天之內下完。營養組同仁送出早餐之後，緊接著開始張羅午餐。醫院週日雖然停診，但知道消息的同仁、志工，冒雨趕來廚房幫忙，分工合作，形成秩序井然的生產線，趕在中午前做出一千多份餐盒，送往鄰近的受災地區。

救援車輛只能停在村莊入口，我與同仁帶著便當往村裏前進，居民聽到志工吆喝，紛紛從二樓探頭招手，我永遠無法忘記在雨中和那些居民隔空交會的眼神，雖然經歷一夜驚魂，但他們確定自己並非孤立無援。

由於地勢坡度的關係，一樓前門淹水及胸，居民靈機一動遞出一支釘有鐵釘的長竹竿和塑膠袋，讓我們將便當往樓上遞送。

這是居民在災後吃到第一個熱便當，不只是能溫暖身體、補給能量，更是帶來了希望和安心的力量。

醫院院慶在即，我們決定取消相關活動，邀約同仁投入災區復原和義診。訊息還沒釋出，早已有許多同仁在詢問如何前往現場幫忙，連日的醫療站自此開設，熱心的同仁下了大夜班直接趕來加入，和國軍弟兄、慈濟志工一起協助災區打掃。

星光下的診間

每當急難發生，一般人透過新聞接收資訊，我則是從每天一早與各志業體連線的志工早會，蒐集慈濟人傳回來的災區第一線消息。

我的策略是，循著志工救災點的推進，醫療團隊緊緊跟上。

臺北、臺中慈濟醫院號召同仁南下幫忙，三院團隊會合後，分組前進嘉、南沿海及山區設立更多醫療站。也因他們挹注了資源，讓大林慈院得到更多餘裕，前往國境之南的屏東支援。

金興村在災後一週逐漸恢復街道原貌，但林邊鄉依然大範圍泡在水中。養殖、畜牧的動物屍體泡得浮腫，積水退去之處，淤泥厚達一、兩米，若無大量的人力和機具，不知何時才能重現希望。

居民已然身心俱疲，除了痠痛、失眠、感冒、中暑和腸胃疾病外，更多的是因為清掃而受傷、感染，買不到雨鞋的居民，有人腳趾泡爛、有人破皮發炎。

但這些問題都容易解決，我們擔心一個更大的隱憂，若是積水時間拉得太長，會增加登革熱、傳染疾病爆發的風險。

高屏區人醫會的醫護、藥師拉下自家診所、藥局的鐵門，進駐慈濟醫療站，但無法涵蓋包含林邊、佳冬、萬丹在內的廣大受災範圍。

我告訴同仁，林邊不遠，就在「大林旁邊」，災後第四天起，大林慈院組成支援部隊開始加入，直到災況塵埃落定、當地醫療體系恢復之前，一直陪在他們身邊。

那是一個非常奇幻的場景——住宅稠密的聚落，竟看不到一寸正常的路面，全都被黑色的砂石泥土所填高；平時必須抬頭仰望的鐵路平交道號誌看板，出現在我的腳踝邊，柱子以下皆被掩埋了；從居民剷了一半的大沙坑中，隱約看見汽車車頂，但家門口的土堆還清不掉，室內的汙泥也出不來。

整個林邊成了一個大沙坑，但泥土又溼又黏又沈重，一天比一天更乾硬難除，空氣中還瀰漫著陣陣異味。居民非常辛苦，洪水湧入時驚慌無助，此時內心又被膠著壓力籠罩著，看不到出口。

除了國軍官兵和慈濟志工，災區湧入大量的宗教、慈善團體和熱心民眾，發揮螞蟻雄兵的力量協助居民。

在一次勘災後，我搭乘高鐵北上開會，遇見浩浩蕩蕩的慈濟志工隊伍正好魚貫出站。屏東災情嚴重，北、中、南慈濟人前仆後繼聚集而來，腳上的雨鞋、手上工具、背包裏的香積飯、飲水、回程替換的乾淨衣物和鞋子，各自準備俱全，不給辛苦的當地志工添麻煩。

臺灣高鐵支持各界馳援行動，連日開出免費的救災專車，載運志工和物資南來北往。

從團體到個人，從國軍到民間，從企業到非營利組織自發性的集結，見證了臺灣人蓬勃的愛與善。

用腳走出救災路

因應災區變化，支援行動隨時都在應變調整。陷在水澤中的住宅處於斷電狀態，居民們忙著利用白天清掃，若非受傷情急，捨不得離開家中前來就醫。

從訪視志工的口中得知居民的需求後，我們決定加開夜間門診，白天由其他醫療院所照顧鄉親，夜間則由大林慈院承擔，醫療團隊進駐社區活動中心廣場、居民信仰中心的廟埕，讓身心疲憊的居民不需要走遠。

臺灣的醫療人員很忙碌，管理階層壓力更大，常有人問我，救災事務派醫師出去就好，院長為何堅持走到第一線？

身為外科醫師，投入救災、往診與社區關懷，不只是基於滿腔熱血，更是為了善用多元經驗，與領導階層的宏觀思維，務實了解居民所需，也幫助前線人員注意到更深、更廣的系統性需求，協調團隊打一場持久戰。

主管身先士卒，以身作則，親身走入現場，更能切實地苦病人之所苦，急病人之所急，也才能號召出更多有志之士的共襄盛舉。

孔子說：「君子之德風，小人之德草，草上之風必偃。」經營者、領導者的思維與作為，會對其他醫師和同仁產生影響，當多數同仁具有人文精神時，受益的是病人與社會，成本效益不是用單一時間點、單一個案來衡量，而是整個組織文化的改變。

災區醫療需求具急迫性，貴在把握機緣才有付出的機會，緊急醫療照護要「走」出一條路，而不是「想」出一條路。

現今職場強調ＳＯＰ標準作業流程，這原是一種確保品質的制度，但災難救護充滿考驗，無法完全依循制式流程，醫療管理若是徒有制度而缺少彈性與溫度，就變成是「Stupid Operation Process」，既非Standard，也不Smart。最好的ＳＯＰ是「Soul Operation Process」，做出有靈魂、找回醫魂的醫療。

走出去，回過頭來也是在幫助自己。

山貓宅急便

再一次來到林邊災區，我們帶來了「家庭醫藥包」。

精舍師父和林俊龍執行長領著我們徒步前進，所有人員肩上都儘可能背上數十個醫藥包，踩著雨鞋跨越高低起伏的土堆，有時甚至要手腳並用才能往前推進，挨家挨戶送上醫療關懷。

醫藥包裏有傷口護理的材料，與消炎止癢的皮膚藥膏，因應居民迫切所需，而社區藥局又癱瘓的情況，這近萬份醫藥包是北、中、南、東各地慈院同仁和志工緊急動員、迅速打包運送過來的。

臨海地區，災後最怕致命的海洋弧菌感染，人醫會也準備了衛教單張，我們一邊送醫藥包，一邊關心居民的健康問題、殷殷解說，沿途也遇到一些國軍士兵遭異物穿刺、噴濺，而皮膚、眼睛受傷刺痛，我們趕緊打開醫藥包給予協助。

累到歪了腰的居民，無奈地抱怨冰箱、電器都泡壞了，又擔心傳染疾病的威脅，不知道如何作環境消毒，但「看到慈濟醫師來了就安心」！

有人通知我們，對面樓上有老人家需要醫師。平時只有幾步路之遙的對面巷子，卻因工程人員挖開了馬路中間的土堆，讓我們被高達一米多的「楚河漢界」所隔開。

正愁著要如何攀爬土堆、跨越積水時，駕駛著山貓的男士要我們站上挖斗，幫助我們平安抵達「對岸」，為老人家處理腳部傷口。

離開前，我們送上醫藥包，仔細教阿嬤如何換藥。在災後的緊急時刻，小小醫藥包發揮了極大效用，而這醫藥包的背後，有慈濟人那分高度效率、秩序、目標一致的及時動員力，做前線災區強而有力的後盾。

為了加速災區早日復原，協助每日數以百計的外地志工分頭運作，當地志工從早到晚連繫奔走，身心承受著很大的負擔，卻不見他們流露倦怠感。

大林慈院在災區持續服務到八月底，每一天，當地人醫幹事蕭志忠師兄都走在我們前面，收拾到最後才回家。他自營的藥局雖未受災，卻甘願為了專心救災而歇業長達二十多天。

他在災區揮汗如雨，手機從早到晚聯絡個不停，天氣燠熱、環境克難，處理事情卻有條不紊、思緒清晰，無怨付出身影，讓人完全聯想不到他曾經發生重大腦外傷，和大林慈院有著特殊的因緣。

二〇〇六年，他遭遇一場重大車禍，昏迷之中，從屏東一路被輾轉送到大林慈院救治，甦醒後，從生活自理到語言能力，都從頭開始訓練起。因為他和當地志工的毅力、耐力、孜孜不倦，讓從外地來的我們能順利地深入村落設立據點，並隨時因應居民需求而轉移。

全球的愛在這裏

二〇一〇年的農曆年前，高雄杉林慈濟大愛園區從動工到竣工，經歷八十八天夜以繼日的分班趕工，終於落成入厝了。

入住的居民來自高雄、屏東多個山區村落，上人希望慈濟人克服萬難，竭盡所能與各單位溝通、合作，儘速建成永久屋社區，讓大量崩塌而土質不穩的山體休養生息，也讓山區居民不要再因氣候變異而驚恐擔心。

不只協力廠商積極協助，企業、社團、全球的愛心都聚集在這裏，慈濟發起以工代賑，聘僱當地居民參與營建，各地志工則是不支薪地全心投入，政府民間通力合作下，推動大愛園區的實現。

南下進入杉林園區之前，會看見一處名為大林的路標，讓同仁感覺不但是格外親切，甚至根本就是生命共同體。

入厝這天，我和居民一樣滿懷期待進屋參觀，開門便感受到暖暖情意。不單是人性化的空間規畫而已，各界的愛心贈禮從柴米油鹽到鍋碗瓢盆，從洗浴用品到清潔工具，從冰箱電視到寢具被褥，都是從入住居民立場出發的貼心考量。

社區內也有企業支持的職訓班和有機農場，希望能支持居民走過重生之路，未來再次向世人展現獨特的風華。

施工後期，醫院同仁曾多次攜家帶眷南下協助鋪設連鎖磚，讓大地保持透水、呼吸的能力。一次在園區打掃的過程中，竟遇到來自菲律賓的陳麗君師姊，當下既驚訝又欣喜。

她曾多次陪伴菲律賓重症醫療個案跨海來到大林就醫，甚至住院陪伴長達一、兩個月，慈母般耐心呵護著個案，與醫療同仁有著深刻的情分。他們在海外辛苦地付出，而當臺灣有難時，他們同樣出錢又出力，默默且用心支援著。

天災人禍讓人心痛，但在災難背後總能看見愛，愛是跨越所有問題的答案。人心都有愛的潛能與力量，啟發每個人的愛心，凝聚眾人的愛，就能發揮出不可思議的大力量。

探索小乾坤

胃壁怎麼被蠶食了？

大型災難過後，災區環境衛生不佳，食物、飲水容易受汙染，且居民處在焦慮、憂惱的狀態下，腸胃不適是最普遍的症狀之一，胃藥也是每次義診的必備藥品。

在救援資源到達前、在找到家園復建之路前，心境彷彿身處黑暗煉獄，這種不見天日的恐怖情境，用一個身體器官來比喻，胃應該很適合。

食物在嘴巴咀嚼後，經由食道通往胃部，除了食物和空氣之外，也可能伴隨著微生物，若是長驅直入經由小腸吸收進入血液中，那我們恐怕隨時都可能會敗血症了。

為了抵抗有害病菌的入侵，人體在胃布下了強酸重陣，胃液PH值在一點五到二點零之間，使得大部分的細菌無法生存，除了幽門螺旋桿菌之外。

強酸性的胃液連金屬都可以溶解，但為何不會把胃也消化掉？人體的設計很精巧，胃壁黏膜會分泌黏液，覆蓋胃壁表面形成保護層，而在黏膜與胃壁之間還會分泌一層小蘇打，中和酸性保護胃壁，所以在胃壁的部位，PH值已經轉變為弱酸性。

若是黏膜層受損或剝落，胃酸長期侵蝕胃壁，就會造成黏膜層糜爛的胃潰瘍，嚴重時會導致胃出血甚至胃穿孔。除了遺傳因素外，與飲食習慣不良（三餐不定時及暴飲暴食、刺激性食物）、藥物因素（長期服用消炎止痛藥、阿斯匹靈、類固醇等）及長期精神壓力有關，但最常見的原因是幽門螺旋桿菌。

幽門螺旋桿菌的大小只有二到四微米，大約是頭髮直徑的五十分之一，卻對消化道健康有慢性的殺傷力，也是胃癌的危險因子。如果常有胃痛的情形，還是要找醫師檢查，評估適合的治療方式。

幽門桿菌也會存在於口腔，所以飯前洗手、公筷母匙，是必須養成的衛生習慣；有些長輩會將咀嚼後的食物吐出來餵食小嬰兒，這等於是直接將細菌傳播給免疫系統尚未發育完全的寶寶，一定要避免。

跨國醫療

人性本具善良包容的基因　相互關懷　彼此合作
才能真正的安全與永續

約旦 Jordan・西亞（上）

喝杯貝都因茶，再說

急促轉動的車輪，掏起了漫天黃沙，車子卻在原地動彈不得。是陷沙了。司機踩足了油門，好讓車子脫離困境，不料車輪卻將沙坑愈挖愈深，一陣空轉，我們只得下車使勁推一把。

費著九牛二虎之力，大汗淋漓之際，幾個穿長袍、戴頭巾的人，從曠野中來到我們身邊，很快地幫助我們安全脫身。

不是阿拉丁神燈精靈，是遊走於沙漠地帶的貝都因人，來去自在，也有人形容他們無拘無束，但看見落難的陌生人，必如遊俠伸手相助。

一九八六年，應臺大醫院派遣，加入政府「中沙醫療團」，駐診沙烏地阿拉伯一年。在當地醫院提供外科醫療服務之餘，醫師們對大漠風情充滿好奇，總會創造機會向外探索，因而受到貝都因人的款待與襄助，已經不是第一次。

實際走入貝都因人生活圈，一定會對那慷慨好客、仗義相助的特質印象深刻，他們與都市人有著不太相同的隱形價值觀。

面對遠來的客人，他們必定盛情邀你進入營帳，遞上一杯加入大把砂糖與香料的紅茶，以顯待客之道。當然，想要與貝都因人談話之前，我們也得先喝茶，相互寒暄、問候家人，這才是貝都因社會的基本禮貌。

從這些小舉動，就能感受貝都因人與人之間的緊密相連、對家庭與部族的重視，在今日社會顯得可貴；而在面對敵人時，他們也會毫不畏懼地衝鋒陷陣。

貝都因的歷史很悠久，公元七世紀伊斯蘭教在阿拉伯半島興起之前，貝都因人早已在中東、北非的阿拉伯世界沙漠地帶，過著逐水草而居的游牧生活，因應環境氣候而終身不斷遷移。

他們不占有私人土地，共享水源和草原；不需法律條約，卻對家族絕對忠貞、對長老絕對遵從；除了駱駝、羊群、帳棚、地毯和飲食器具，生命中沒有多餘的負擔；一切物資得來不易，他們善於維護環境和物資清潔，延長物命，這是生活習慣的一部分。

水源更是珍貴的，他們習慣在身上噴灑古龍水，避免讓人聞到不好的氣味，但我還是花了一段時間才適應那濃郁的香氣。

嚴苛的地理環境，造就貝都因人吃苦耐勞、堅毅不拔的韌性，與人群的距離看似遙遠，卻有著彼此互助的行為基因。在荒漠中，唯有如此才能確保個人與部族的生存與延續。

在資訊奔騰、繁榮富裕的二十一世紀，這種原始的生活模式可說是一種千年遺跡、活化石。活化石的背後，蝕刻著值得我們反思的人性本質。

神祕面紗的背後

在豔陽曝晒且隨時可能面臨飛沙走石的情況下，長袍、頭巾，自古即是荒漠生活的基本裝束。

伊斯蘭國度性別戒律保守而嚴格，女性大多穿著從頭包裹到腳的罩袍，讓非教徒感到格外神祕，甚至認為他們不尊重女性。其實，這都是歷史環境與生活習俗所造就，必須加以理解。

沙漠地帶的游牧生活，不可能天天宰羊吃肉，當找到一處駐紮定點，安頓一家大小後，身強力壯的男人們必須外出狩獵、以物易物，才能供應家人溫飽無虞。水草不夠時，他們要負責尋找下一個放牧據點。

在沒有道路的地帶，他們能觀察太陽、星月和沙丘曲線來分辨方位、藉著辨識沙地上的腳印以追蹤獵物，有時一出門便是好幾日，因此，對家庭的信念，需要嚴謹的社會倫理來守護。

留在家中照顧孩子的女人，以守貞節、避免接觸其他異性為榮譽，罩袍即是這種背景衍生而來的形象，可以保護女性人身安全。

時空條件造就了阿拉伯世界的女性地位，在當今阿拉伯已能看到女人開車上街頭，這是三十多年前我在當地看不到的景象！

然而即使在今日的阿拉伯社會，成年女性也依然是辛苦的，婚後幾乎都為養兒育女和持家而辛勞。在沙烏地阿拉伯服務的一年裏，探病時間很少見到女人在病榻旁說話，大多是蹲或坐在牆壁邊。

隨著時空變化，許多國家穆斯林女性的形象已逐漸改變，只要衣著不裸露，也可以不穿罩袍，但佩戴頭巾仍是必要的。

其實，從生物學的角度，以頭巾保護女性有其道理。女性秀髮對男性有著特殊吸引力，因為飄逸長髮背後的意義是營養充足、身體健康，孕育下一代的機會大增，後來便演變成一種美的象徵。從歷史上的美女形象可以得到證明，你不會看到剪著俐落短髮的維納斯或楊貴妃！

是誰讓牧民變成了邊緣人？

時隔三十多年，再一次走進貝都因部落，已是二〇一六年底的耶誕節過後，和二〇一八年的盛夏七月，隨著約旦慈濟志工陳秋華而去。

當約旦首都安曼（Amman）不斷邁向都市化，樓房林立，甚至築起高級住宅區，許多貝都因人依然在同樣塵土飛揚的沙漠，住著同樣簡單乾淨的帳棚空間，過著同樣原始無爭的游牧生活。

去過約旦的觀光客，幾乎都會來到佩特拉（Petra）古城，體驗貝都因人的熱情好客，見證他們騎駱駝馳騁沙漠的英姿，有時，也對那些在觀光區追著遊客兜售紀念品、索要食物的小孩、女人有著不同見解。

約旦慈濟人不是觀光客，他們帶來的文具、冬衣、糧食和民生用品，幫助這些長期關懷的貝都因家庭，過上一段時間的溫飽生活。

一九九七年開始，當地為數稀少的臺灣人，就以慈濟之名聚集僑民關懷弱勢族群，而沙漠裏那些生病、窮困的貝都因家庭，也是他們長期照顧的對象。

既然游牧是自古以來的生活方式，貝都因人也有堅韌的生命力在沙漠生存，為何需要特別去幫助？

全球暖化造成乾旱加劇，青草不生固然造成了影響，但真正把他們推向社會邊緣的，卻是現代化的發展。

那些水草豐足之地，漸漸發展成都市叢林，貝都因人被迫移往到更偏遠、劣勢的地方牧羊。此外，絕美的佩特拉古城，因被聯合國列為世界文化遺產而聲名大噪，轉型成為國家公園觀光勝地，政府將原本居住在古城石穴裏的貝都因人遷出，到不習慣的新村展開生活。

沒有經過資本主義社會洗禮的貝都因人，謀生能力十分薄弱，也幾乎找不到工作機會，不少貝都因聚落都變成名副其實的貧民窟。

小蟻兵扛大志業

有些人可能以為沙漠是無盡的乾燥和炎熱，但實際上，約旦的冬季夜晚卻時常降至下雪的低溫。

嚴寒對老人、病人是極不友善的考驗，牧民必須在帳棚內燒柴取暖，志工在訪視時，就曾聽聞貝都因婦人和小孩因一氧化碳中毒而亡的慘劇。

在志工早會上，曾看到上人引述一段紀錄畫面，十多年來記憶深刻。

二〇〇三年四月，美伊戰爭開打，大量伊拉克難民逃入約旦邊境，當時的臺視記者蔣任，隨著大愛電視同行採訪慈濟對難民的協助、對沙漠邊緣貧民的關懷。

兩度低溫中，一位老人瑟縮帳棚前，凍得直打哆嗦。當記者注意到老人用塑膠袋充當保暖襪時，顧不得語言障礙甚或禮貌與否，立刻脫下自己腳上的襪子，要老人家趕緊穿上。那老人脫下一層又一層破損的塑膠套後，裏頭的腳趾早已凍得龜裂……

在我與臺灣的醫療團隊到來之前，志工已穿梭沙漠照顧貝都因人多年。在約旦做慈善並不容易，機構、個案、部落之間的距離，很可能就是臺灣頭到臺灣尾那麼遠，當地志工們以小團隊做大志業。

中東戰火不斷，約旦收容了大量難民，志工往肩上扛的擔子急遽擴增，對貝都因人和社區貧民的關懷卻未曾稍減。不是難民的貝都因貧民，沒有聯合國的補助，也很少被世人注意，但同樣是需要關懷的邊緣人。

帳棚外，他們將撿來的過期麵餅鋪滿地，因為曝晒過後研磨成粉，可以賣給飼料商，換來些許收入。在這裏，我也看到一個用塑膠袋裏著腳掌的男孩。

男孩的大拇趾受傷流血了，我趕緊蹲下來幫他清洗傷口。由於沒錢買鞋，孩童們不是打赤腳，就是穿著撿來的二手鞋，沒有一雙不破洞，差別只在破洞大小而已。被礫石割傷後，當然也沒錢擦藥與包紮。

帳棚裏，老婦人手臂上的洗腎瘻管阻塞，長出碩大的血管瘤。其實她對藍天白雲的慈濟志工服毫不陌生，六年來，慈濟補助她藥費和往返醫院洗腎的交通費，也定期來看望她。

眼見這樣的病痛，我們可以指導她如何自我照護，卻無法現場為她動血管瘤手術，也無法長期追蹤。是否隨著我們回國後，只能眼不見為淨，讓她在沙漠中逐漸惡化而凋零呢？答案並非如此。

為了更深入照顧徘徊在社會邊緣的病人，約旦慈濟志工積極尋找合作醫師和醫院，為他們提供量身打造的醫療援助方案，送需要手術的病人就醫治療。這絕對是艱辛而且沈重的任務，志工們卻二十年如一日地持續付出，只為了不忍心病人和家庭陷入更大的困頓。

當地志工人數屈指可數，照顧的對象卻是如此龐大，承擔的使命又是如此艱鉅，儘管環境嚴苛卻堅持守住心願，每每想起他們，都還是會悸動得熱淚盈眶。

小國的大包容

在世人的印象裏，中東是世界的火藥庫，國與國之間、人民與政府之間，因經濟衝突、政治對立、宗教紛爭而戰事頻仍，地底的石油成為強國利益之爭的籌碼，使局勢更加複雜惡化。

烽火蹂躪下，手無寸鐵的人民被迫四處避難，涉險逃往異邦成為難民，而約旦像是戰爭中的和平綠洲，接收著各地流離失所的兄弟。

不論從面積、人口、軍事或經濟各方面來看，約旦都只能算是一個小國，境內四分之一土地是沙漠，全境年雨量少，天然資源有限，必須仰賴外國的輸入。

約旦也是中東唯一不生產石油的國家，人民雖過不上豪奢的生活，卻也因此擁有相對的和平與穩定。

一如流淌在牧民血液中的互助基因特性，約旦對各國難民伸出援手，巴勒斯坦、伊拉克、葉門、蘇丹，到近年的敘利亞，甚至更久以前的車臣與其他國家，至今約旦仍有聯合國登記在案的難民七十多萬人，而未經申請的境內流亡人口難計其數，這使得約旦外來人口占總體組成近三分之一，社會包容性更高。

在複雜的政治、宗教與民族之間，約旦採取相對懷柔與兼容的態度，對外維持和平，對內維持穩定，確實展現出獨特的國家治理智慧。

從哈山（Hassan bin Talal）親王關懷貧民百姓和援助難民的行誼，便能看見約旦王室的胸襟。

一九九九年，他三十多年的王儲身分被卸除，國內情勢一度緊張，但最終他選擇和平過渡政權，幫助王室與國家繼續安穩立足於中東，個人則繼續以慈善的方式呵護受苦黎民；慈濟在約旦的人道援助行動，也得到他很大的關心與協助。個子不高但身材壯碩的他，儼然是個小巨人。

在一次會談中，聽到他說出了一句熟悉又觸動人心的話：「Don't do

unto others what you don't want others to do unto you.」翻譯成中文，即是「己所不欲，勿施於人」。這是他待人的智慧，是儒家律己的理念，是慈濟人落實於行動中的精神，更是動盪社會中，需要被實現的普世價值。

滄海桑田，唯愛不變

在成為近代火藥庫之前，中東地帶曾是人類文明最重要的搖籃之一，距今五千到六千年前，兩河流域孕育出人類歷史上最早的文字、律法和學校，今日計量時間的六十進位法，也發源於這裏；沒有油礦的開採，人們也曾安居樂業。

在孕育出人類文明之前，地殼歷經億萬年的活動，海底隆起成沙漠，生物沈積擠壓成石油。滄海桑田，千年的繁華優雅因地震和戰爭而毀滅，石油的工業化開採，反而讓那片土地上更多人民陷入困厄。

「匹夫無罪，懷璧其罪」（註1），地下瑰寶竟成為黎民百姓的原罪，但其實權力者的貪婪私心才是災難的源頭。

第一次世界大戰落幕，現代中東的格局在強權國家的主導下被形塑出來，卻沒有帶來更多安定和平，因為部分牧民的生活圈被疆界劃開，游牧範圍受局限；部分地區不同宗教派系與部族被迫合併治理，又埋下了日後衝突的導火線……

若能尊重宗教與種族的差異，以人民和諧為優先考量，情勢或將有所不同。複雜的歷史遺緒無法從單一立場論斷是非，我們也無法改變過去，但面向未來，可以省思與借鏡。

自古以來，族群之間遭遇生存危機，需要以搏鬥爭戰來奪取資源，但現在已然不同，人類的環境從未像今日這樣富足、安全過，透過互助合

註1：出自《左傳‧桓公十年》，謂一個老百姓本身無罪，卻因身上的寶玉被貪婪者覬覦而獲罪遭殃。

作，我們可以達到真正的永續生存。

人溺己溺、人飢己飢的精神人皆有之，人性中本具善良包容的本質，相互關懷，彼此合作，讓更多人的互助ＤＮＡ得到發揮，世界會得到更多善的可能性。

探索小乾坤

人體的淨水器

慢性腎衰竭患者在接受長期血液透析（洗腎）前，會接受動靜脈瘻管手術，以便洗腎時，血液能順利流出到體外的人工腎臟，經過機器淨化後再送回體內，維持生理運作。

洗腎是因為腎臟細胞受損，無法有效清除體內代謝廢物及水分，當腎功能惡化到只剩正常的百分之十五以下時，就會產生尿毒症，造成全身性的功能異常，這時需要透過人工腎臟（血液透析）或腹膜透析來代替腎臟淨化血液。

腎臟是人體血液的淨化與回收裝置，一個腎臟大約拳頭般大小，卻是由一百萬個腎元所組成，兩側加起來有兩百萬個，裏頭進行過濾的腎絲球是非常細小的微血管，構造極為精緻。

心臟送出的血液有百分之二十來到腎臟，大約相當於一點六公噸的血流量；血流量不足時，腎臟的排泄廢物能力下降，長久下來會造成腎功能受損，所以日常生活補充足夠的水分很重要。

人每天會排出大約一點五公升的尿液，這些尿液的前身就是血液。人體新陳代謝後，血中會有各種老舊廢物與毒素，腎臟會濾出尿酸、有害物質、多餘水分和鹽分，送往膀胱排出；而對人體有用的葡萄糖、胺基酸、維他命則與乾淨的血液重新回到循環系統中，相當於百分之九十九的物質會被再利用。

腎臟是沈默的器官，它們二十四小時勤奮工作，為人體去蕪存菁，代謝不息；若是經年累月地傷害它，終究會不堪負荷。

臺灣洗腎率高居全球之冠，其中一半是糖尿病所引起，其次為高血壓，再來則是腎絲球腎炎，以及藥物使用不當。

未經醫囑過量服用止痛劑和來路不明的藥物，會增加腎臟的負擔，如需吃藥一定要經過醫師指示，而高血壓、糖尿病等慢性病患一定要遵照醫囑服藥控制。日常生活多喝水、飲食少油、少鹽、少糖、多蔬果，保持適度運動習慣，不止護腎也護全身。

愛和教育是最好的反恐武器

約旦 Jordan・西亞（下）

海邊的孩童身影

蔚藍的約旦沙漠天空上，運輸機疾駛而過。

人類對飛行一直懷有憧憬，小朋友們看見風箏飛翔、飛機劃過，會指著天空，開心地追逐、雀躍地叫喊著。但在這裏，轟隆隆的引擎聲不但無法讓孩子們感到興奮，相反地，卻讓他們眉頭緊皺、眼神驚恐。

儘管來到一個沒有戰火、不會被空襲的國度，來自敘利亞的難民小朋友，卻仍未逃離心頭的陰霾，時常活在恐懼中。

敘利亞內戰是現今地球上最悲慘的戰爭之一，十年間，上千萬人民流離奔逃，甚至散盡家財冒險犯難，只為能得到其他國家的庇護與收容，繼續活下去。

二〇一五年，三歲的亞藍和家人登上超載擁擠的橡皮艇，準備前往歐洲國家避難，不幸在出發不久就發生船難，殞命愛琴海。這些年間，難以計數的難民葬身大海，世人大多看不見；亞藍小小的身軀被潮水推上土耳其海岸，熟睡般的安靜無辜，彷彿是對人類冷漠的沈重控訴，呼喚世人關心難民問題，卻也依舊無法解決戰爭的殘酷。

如果可以在美麗安逸的家園生活，誰願意冒著生命威脅與親人離散的痛苦，亡命天涯、寄人籬下？

鄰國約旦的面積只有敘利亞的二分之一，卻是全球第二大難民收容國（註1）。一九九八年以阿戰爭爆發，約旦慈濟志工開始濟助生活無以為繼的巴勒斯坦難民，隨著中東戰火綿延，關懷的腳步愈跟愈緊，從國土邊境到城市邊緣，都不忍放棄。

二〇一一年敘利亞內戰引發巨大的難民潮，志工在難民營展開大規模援助，也為散居在城市裏的難民家庭提供生活和醫藥資源。

眼見孩子身患重病，大人們束手無策，向慈濟志工求援，約旦志工一個個張羅醫藥費，一個個協助送醫，沈重的擔子壓得他們幾乎要宣告放棄，幾度回臺奔走求援，也促成了國際人醫會團隊接力踏上約旦邊境義診、發放的因緣。

我的前後兩次約旦行，一次在嚴寒的冬天，冰冷的礫石足以凍裂腳底；一次是酷熱的夏季，滾燙的沙地足以灼傷皮膚，每一次，孩童的身影都讓我掛肚牽腸。

在刻苦動盪之中，所幸慈濟人一直沒有放棄他們。想到約旦慈濟的迷

註1：聯合國難民署二〇二〇年底報告顯示，全球因戰爭、暴力、迫害與侵犯人權而被迫逃離家園人數有八千兩百四十萬人，其中三千零三十萬人流落他鄉；接受難民人數最多的前三國家分別為土耳其、約旦、哥倫比亞。

你團隊，要耕耘那麼不成比例的廣漠福田，就不由自主地感到迫切，希望呼籲出更多人的關心與了解。

雞蛋？那是什麼？

二〇一六年隆冬，我第一次踏上約旦土地。平安夜的天空降下大雨，黃沙變成了一片泥濘，讓巴士在前往難民學校的義診途中動彈不得，找來石塊墊底也徒勞無功。

林俊龍執行長一聲吆喝，大家全部下車一起幫忙推車，儘管使盡全力，車輪依舊愈陷愈深，直到載運發放物資的貨車趕到，才幫助車子成功脫身。

褲管的泥巴說明了這條道路坎坷艱辛，我們更要繼續陪伴約旦慈濟人走下去。

早餐時間，旅館為我們準備了帶殼白煮蛋。細心的陳秋華師兄提醒大家，若是不打算吃進肚子裏，可以把蛋帶在身上，給難民兒童補充營養。

二〇一二年出現在沙漠中的札塔里（Zaatari）難民營，是聯合國與約旦政府共同為敘利亞難民所設立，收容人數曾一度暴增至十五萬人之多，從人口數來看，是全球第二大難民營，也意外成為約旦的第四大城。

營區裏的婦女和小孩特別多，近六成人口是十七歲以下的未成年人，四歲以下的嬰幼兒也將近百分之二十；因應戰爭下大量的孤兒寡婦，還規畫了獨立的婦幼安置區。

義診期間，醫師身上都有二寶——聽診器和棒棒糖，而現在又多了更具營養價值的白煮蛋，我們都歡喜。看診時，我將白煮蛋送給小朋友，但他滿臉疑惑不願伸手，後來是由媽媽幫他接過來。

不只我遇到這個情形，其他醫師也遇到了，有些孩子甚至隨手就將雞蛋擱在地上，有的則拿來碰碰自己的額頭，似乎是在探索。

原來在難民營出生的世代，根本不曾見過雞和雞蛋，更不知道這是可以吃的東西，即使他在餓肚子。

在大人的協助下撥開蛋殼，他們吃到這輩子未曾體驗過食物，或是嘗到久違熟悉的味道，臉上露出了愉悅的表情，讓我們的內心又是一陣酸楚與翻騰。

晚上回到旅館，我們臨時請求加訂五百顆雞蛋，請廚房在隔天清晨幫忙煮熟。老闆得知我們要分送給來看診的難民兒童，也熱心共襄盛舉，將這批蛋捐贈出來。

發送白煮蛋於是成為義診中小兒科的業務，又或者，它更像是一份愛的處方。

黑色罩袍下的陰影

二〇一八年七月，再次來到札塔里參與義診，這裏的人口依然有八萬之多；距離安曼兩個小時車程外的阿紮來卡（Azraq）難民營，安置的人數也有三萬多，唯一的X光設備卻是壞掉的，包括感冒引發的肺炎等問題，都無法得到及時的診斷。

回臺灣為難民營募X光機，是我努力的目標之一，要讓難民的處境被世人看到，將關懷訴諸行動。

營區環境擁擠，生活條件極為嚴苛，醫療需求更是迫切，然而敘利亞內戰持續太久了，幾度看似戰事稍歇，卻又突然烽火燎原，多年下來看不到終點。國際的關心熱度逐漸消退，聯合國補助款縮減甚至停止，非政府組織也因資源有限，陸續撤離了難民營，直接衝擊難民的生活。

一位婦人抱著女兒前來義診區求助，女孩因罹患先天性佝僂病（俗稱軟骨病），骨骼變形、發育不良，還有疼痛、肌肉抽筋等症狀，需要特殊的營養補充劑。

先前提供藥物的醫療團體已經撤出難民營，女孩的藥瓶空了，媽媽抱著一線希望而來，但很可惜這種藥物並不常用，義診期間沒有特別準備。

她抱著女兒坐在義診區門口，眼神茫然而失落，志工不忍她抱憾離去，試著留下聯絡方式，希望日後能有機會繼續關心她們。

在我們離開約旦後，這個任務留給當地志工來延續，沒多久，就接到約旦志工的訊息，他們已經購得藥品，親自送到這對母女的手中。

先天性佝僂病是由於母親懷孕期間體內嚴重缺乏維生素D所導致，十七世紀工業革命時期，歐洲工業城市因大量使用燃煤，空氣汙染極為嚴重，成天霧霾蔽日，曾經造成兒童佝僂病大流行。

其實皮膚只要適度晒太陽，就能自然合成維生素D，在陽光普照的沙漠地帶，為何會發生這樣的疾病？這是因為伊斯蘭女性的服裝包覆嚴密，皮膚幾乎無法接受陽光照射，再加上難民營養攝取不足，使得寶寶一出生就有這樣的問題；若後續能好好治療，病情將會有所改善。

茫茫大漠中，人口浩繁的難民營沒有門牌號碼，志工的尋人任務著實艱難，但多年下來，他們就是這樣一個一個找出需要的病人，給予直接而務實的援助。

如果不是深刻的慈悲和堅定的毅力，這都是不可能的任務。

落難醫師的承擔

從二〇一六年開始，約旦慈濟人接手關懷難民營診所轉介的重症個案，資助手術醫療費用，九個月來，援助了一百位兒童接受手術，但眼前仍有三百多名兒童等待治療。

既要關懷得廣，又要照顧得深刻，需要投入多麼巨大的時間與心力？選擇忽略或許最容易，陳秋華師兄卻放不下，為苦難人日思夜寐，輾轉反側，每一次細思、述說難民的困境，就如經歷一次傷心痛苦的複習。

在車上為我們介紹個案的故事時，秋華師兄屢屢哽咽得無法言語，更因擔心孩子來不及得救而痛哭流涕。

在團隊設置好義診現場展開服務後，我與幾位醫師逐一訪視評估重症小兒患者，他們身上處處看到戰爭烙下的恐怖痕跡。

受到化學武器和眾多因素的影響，難民新生兒先天性畸形的比例偏高，連在臺灣泌尿科也很難遇到的泌尿道下裂，我們在一天之內就看了六、七個。

腎臟發炎而發燒、水腫的孩子，等不到手術資源；剛出生就患有嚴重疝氣的嬰兒被拒絕手術，暴露在腸子可能壞死的風險中；需要手術的無肛症幼兒，肚子脹得圓鼓鼓；有的孩子腹部傷口像被炸過一樣，因為人工造口手術後，沒有醫材可以替換使用，裸露的傷口反覆發炎，孩子痛苦得眉頭緊皺。還有孩子的腳部骨折、脊椎手術只完成一半，因為資助者退出而未能進行後續的治療計畫……

病童普遍營養不足，在衛生條件不好的環境裏，小問題都足以埋下致命的危機，或造成危害終身的後遺症，有些手術必須分階段進行，需要長時間的陪伴與協助。

每當評估多一個急需手術的個案，約旦慈濟人肩頭擔的重量就多一分，只靠熱情無法走得遠，必須要堅定的毅力才能走下去。

但只要多救治一個孩子，就多一個家庭感受到人間的愛與溫暖，孩子的未來就多一分希望。

一同協助醫療評估的敘利亞籍醫師莫罕那（Dr. Monhnad），因在故鄉戰火猛烈的區域救治受傷居民，受到政府軍的拘捕追殺，被迫帶著家人逃往約旦成為難民，看到許多貧窮的婦女和孩童生了病卻無法就醫，自己卻無能為力。

直到遇到陳秋華師兄，情況終於開始有所轉機，他成為當地人醫會的一員，參與慈濟的醫療援助行動。

另一位同樣來自敘利亞的醫師，因宗教信仰不同而遭受迫害，與弟弟一起逃離家鄉，在約旦一間教堂裏尋求容身處，小小空間住了七十多人，不得已只好轉往城市邊緣找尋希望。

在付不起房租幾近流落街頭之際，他們遇到了陳秋華師兄，約旦分會提供以工代賑，讓他能重拾醫師專業照顧敘利亞難民，同時也有收入維持生活，度過一個個生命中最冷的冬夜，等待春暖回到人間。

約旦慈濟人醫會成員不多卻積極承擔，奔走不息，其中有多位醫師都是難民身分，在慈濟的協助下度過難關，繼續發揮醫療良能。在他們取得約旦醫師執照，進入醫院工作後，也依然是慈濟後送重症病患就醫的合作夥伴。

不是孤兒，是小王子

二〇一三年出生的阿米爾（Ameer），是約旦志工莉莉（Lily J. A. Ramian）師姊的孫子，長得非常健康可愛，在全球慈濟人的祝福下長大，大家都稱他「小王子」。

小王子有著獨特的身世，他的生父母都是敘利亞人，母親在臨盆前夕，與父親牽著另一名稚子逃難，不幸遭遇武裝部隊的無情掃射。父親與孩子當場罹難，多處中彈的母親為守住胎兒往死裏逃，在黎巴嫩邊境獲救時已無生命跡象。

在醫護人員的緊急手術下，嬰兒奇蹟般地平安來到這個世界，卻在一出生就成為戰爭孤兒，被送往清真寺照顧。

莉莉師姊的女婿也是從事難民救援工作的醫師，通知岳母趕往黎巴嫩關懷這名嬰兒，心痛與愛憐之中，她鼓勵女兒和女婿收養孩子，語氣堅定地說：「只要知道這個孩子也是人，而且他僅僅只是一個嬰兒，他需要一個家庭。」

受限於法律規定和伊斯蘭社會文化，收養孤兒在當地不但罕見而且困難，遭遇了種種難以想像的困難與質疑，但一如嬰兒生母不畏危難保護胎兒的勇敢，他們克服了重重難關，成功完成收養手續。

取名Ameer，在伊斯蘭國家為「王子」的意涵，希望他在愛與尊嚴中長大，消弭仇恨的蔓延，未來還能利益人群。

他不是孤兒，他從一出生就得到豐沛的愛，用生命感動了無數人，慈濟小學生甚至發起認養小王子、小公主的計畫，幫助更多難民孩子得到實質的救助。

其實，在巴勒斯坦出生的莉莉師姊，本身也是難民背景，四十多年前因戰爭逃往約旦，從此落地生根。

幾年前，她得知獨居澳洲的八十多歲老母親，一直是慈濟關懷的對象，她心中疑惑，怎麼會有人對非親非故的人，長期付出而無所求？透過澳洲志工的介紹，得知約旦也有這樣的團體，從此成為慈濟志工的一員。

在悲慘的人間景象裏，他們不辭勞苦的付出，讓苦難的生命可以得到膚慰，甚至翻轉。

願你們平安

二〇一〇年，北非突尼西亞的人民發起了「茉莉花革命」，快速推翻了專制政權，民主化運動的火苗在阿拉伯國家迅速點燃，擴大成為人民滿懷憧憬「阿拉伯之春」，與極權政府正面對抗。

然而多數國家卻在鎮壓衝突與內戰對峙後以潰敗收場，有些國家迎來短暫的民主契機，卻因新政權衝突而重回原點，有的國家分裂成兩個政府，而在敘利亞，更演變成一發不可收拾的人道災難，古城千瘡百孔，百姓哀鴻遍野，讓人不勝唏噓。

古人云「惡法勝於無法」，權力真空的後果是不堪設想的。激憤的民心缺乏凝聚而成為一盤散沙，內部力量分歧，伊斯蘭國（ISIS）壯大，外國勢力介入，都讓戰爭愈打愈複雜，情勢遠超出預期。

英國歷經數個世紀，才從君主政治過度為民主政治，也曾流血也曾斷頭，付出了不少代價。追求民主需要理想，更需要循序以進的轉型過程，若是空有理想而缺乏策略，不但會被副作用反噬，甚至產生與理想背道而馳的結果。

二〇一六年，我們帶著冬衣來為難民孩子們穿上，一年半後故地重回，看到的是孩子們在手術後長得又高又壯，露出靦腆的笑容。短短數百天內，約旦慈濟人已經協助近五百位孩子接受手術，一年後，人數更多達一千多人，而且持續關懷著他們的術後生活。

離開約旦前夕，許多小朋友特地畫卡片送給我們，其中一位帥氣的少年拿起麥克風，成為大家的目光焦點。一年多前遇到他時，他被腹膜炎折磨得愁容滿面，生命垂危，經過手術後治療後，現在的他長得又高又挺，落落大方地述說重生喜悅。

此刻，我腦中響起了熟悉的歌詞和旋律——「去年我回來，你們剛穿新棉袍，今年我來看你們，你們變胖又變高……」臺灣童謠呼應眼前的景象，竟是這樣深情而銘心，那分感動我永難忘記，更盼望未來能看見他們愈來愈好，一生平安。

難民孩子眼神中的天真無邪，和你我鄰家的小朋友都一樣，世界為何如此動盪？此時他們不能理解，也無從選擇，但若世界的關懷愈少，他們的生命愈難得到善解世界的機會，最後只好走向恐怖極端。

在難民營的鐵圍下，孩童的未來在何方？他們的純真不應該被戰爭所剝奪，但有誰能來捍衛？需要你我的一分力量，讓愛的影響力變大。

多年來，土耳其、約旦慈濟人，在因仇恨對立而起的人禍裏，努力給予難民孩子愛的教育，因為教育與愛是對抗恐怖分子的唯一武器，不是槍砲炸彈，更不是高壓的外交手段，愛才是根本。

義診無法給予病人長久的藥物，但愛與關懷卻能在黑暗中帶來一道光，看見未來的希望。當他們相信人間有情，生命就不會被怨恨所填滿。

何況我們走了，約旦慈濟人一直會在。這樣一群艱苦付出的人，需要全世界的愛心做後盾。

探索小乾坤

為何杯弓蛇影？

俗話說，一朝被蛇咬，十年怕草繩，人們在經歷挫敗或驚嚇事件後，再遇到類似的狀況就會變得焦慮恐懼。大地震後，時常懷疑地面是否在振動；遭遇空襲後，聽見飛機聲會產生強烈的恐懼感……

人類生存一直都不是容易的事情，尤其在遠古時代，人類手無縛雞之力，生存環境卻極為嚴苛且危機四伏，在緊要關頭必須立刻躲避、逃跑，但人類的奔跑速度不如其他動物，必須擁有很高的警覺性。

因此大腦裏有一個開關——杏仁核，可以讓人類學會害怕、記憶恐懼，進而在突發狀況下激起緊急反應，使交感神經興奮，瞳孔放大、呼吸急促、心跳加速、血流往大腿肌肉輸送，以便求生。

杏仁核是大腦皮質內側的邊緣系統，形似杏仁的構造，掌管焦慮、急躁、驚嚇及恐懼等負面情緒，也有「情緒中樞」或「恐懼中樞」之稱。雖然體積很小，但會讓我們記住過去的經驗，在遇到事情時會讓人暫時無法理性思考，而以情緒做出回應。

這是保護人類的警鈴裝置，原本是為了有助於生存，但過度杯弓蛇影下，反而容易多愁善感、感情用事，引發精神官能症與憂鬱症。

遇到狀況時，可以深呼吸、多靜心、做出理性思考與判斷，讓前額葉與杏仁核交互作用，產生動態平衡，避免被杏仁核綁架。

平時養成靜心習慣，適度運動、晒太陽、均衡蔬食與規律作息，懂得感恩與助人，能增加腦中血清素，這是被稱為快樂賀爾蒙的神經傳導物質，能提升我們的幸福感，幫助大腦找回平衡。

不要在困難面前輕易說放棄　只要能將點滴力量聚集在一起

用心不輟　就可以帶來希望

巴基斯坦 Pakistan・南亞

偏向難處行

秋葉、黃土、瘦馬、稀薄的空氣，和凜冽的河水……眼前的大山與大水，是在臺灣所不能見的風景。二〇〇五年十一月，我在巴基斯坦北部喀什米爾（Kashmir）地區。

發源於喜馬拉雅山的潔冷河（Jhelum River），在崇山峻嶺間切出了開朗的河谷，同時澆灌出一片豐饒，山裏的人們大多沿河而居。

高山的天空格外清朗，山谷周圍卻總是籠罩著一層沙塵，散不去，也來不及止息，只要人車輕輕經過，就會揚起千堆黃沙。

近一個月前，規模七點六的淺層地震奪去八萬多條生命，人數是臺灣九二一大地震的三十六倍之多！被剝去一層皮的大地，至今未能靜氣平息，每晚回到營帳，總是「塵滿面，鬢如霜」。

災後十天，慈濟人道救援的腳印，第一次踏上巴基斯坦土地，過程自非理所當然的順遂。少了邦交關係，也沒有在地人脈接應，賑災渠道十分迂迴，多虧香港慈濟人的奔走協調，才讓團員全數取得簽證。

這次的慈濟賑災醫療團員，來自土耳其、約旦、印尼、馬來西亞與臺灣，物資從各國分頭調度與運送。大愛地球村，不說感恩真困難。

飛航途中，未能真正安歇，這不是我第一次跨國義診，心情卻最是忐忑。一來是對巨災過後的憂心，能否真的有效運用資源，對受災的人們帶來一些幫助？二來是在軍政動盪、恐怖攻擊與武力衝突波瀾迭起的陌生國度，總感到前路有些茫茫未知。

首發勘災醫療團已在當地一段時間，第二梯次的我們，除了醫療義診，也擔負物資發放的使命，帶上全球愛心人士的期許與祝福，但願順利與平安。

小朋友好想被打針

災後舉國陷入困境，在巴國首都的伊斯蘭馬巴德（Islamabad）機場，軍警人員荷槍實彈負責維安，每個人所走的路線，所做的事情，都受到嚴密監控與管制，氣氛十分肅穆。

但當看到一箱箱救災物資從貨物轉盤轉出來，一陣悸動湧上心頭，眼眶也突然溼熱了起來。

土耳其、約旦志工在數天內籌集物資，想方設法運送過來，過程的曲折與困難，我們都難以想像。無論如何，匯合自全世界的點滴之愛，終於來到這片受創土地，我們人也到了。

巨震讓一千多家醫院、七千多所學校毀損，哀鴻遍野，醫療體系卻接近全面癱瘓，亟待國際伸援。基於安全考量，聯合國將各國際救援組織集中在同一個營區，每天早晨參與聯合國會議，交流訊息後，各自任務出巡，入夜之前再回營區歇息。

此時臺灣慈濟基金會之名，與全球各國官方、非政府人道救援組織並列在聯合國名單內，人心之愛本就純淨，沒有國界藩籬。

日漸升溫的麻疹疫情如同將醒的巨獸，隱隱令人不安。得知消息後，我們與當地衛生官員聯繫，取得三合一疫苗，前往各村落幫孩子們打針。挨針總讓小朋友害怕，但團員卻有辦法——一顆糖果就把孩子治得服服貼貼。

很快地，小朋友們口耳相傳，排著隊要來打針。或許忍痛對他們來說並不困難，糖果的香甜，是更值得收集的美好。

給勇氣，給希望

遠遠地，看到兩個壯漢抬著一個擔架，後頭跟隨一位婦女而來。躺在擔架上的是一位老人家，滿臉乾掉的血痕、傷疤，不難想像，他是劫後餘生的傷患。

透過翻譯得知，老人家是在地震中受了傷，但造成他癱瘓的主因，其實是中風。

臨時醫療站能做什麼？除了開一些維他命，為他暫時補充體力，卻無法給予長期的協助，只能建議他轉診大醫院。但沒有別的事能做了嗎？

災後路毀橋斷，醫療系統幾乎癱瘓，有居民激動地告訴我們：「你們是地震後第一個到這裏的醫療團。」我十分確定，倘若就醫對他們來說遙不可及，就必須讓他學習未來如何自處。

確認他的上肢還有一些力量，我指導他與家屬如何復健，讓關節不致僵硬、肌肉避免萎縮；只要手部肌肉強健起來，未來要維持部分的自理能力，並非沒有機會。

正因看不見未來，家屬才會大費周章地將老人家扛下山來找我們，醫療除了開刀、給藥，傷口處理，還有更多專業以外的處置。而此刻我們能給的，就是希望。

以專業的角度，讓他理解現在的問題、未來可以做什麼，給予堅定支持。原本愁容滿面的老人家，心安定了些，雖然這是條漫漫長路，但總還有一些不同的可能。

目送家屬將老人家扛回去，這一趟路，不知要走多遠？心總有些不忍，但寄予深深的祝福。

高山上的一杯奶茶

落腮鬍先生煮了奶茶，盛情請我們喝下。在民生資源有限的山區，奶茶不只是一種享受，更是補充熱量的資糧。

我們不忍心分一杯羹而婉謝，但這位壯碩的兄弟睜著大大的雙眼，不斷湊近身旁說：「喝吧！」明明是一番誠意，卻怎麼感覺有點兇，讓我們不得不「乖乖就範」！

在鎮日奔忙的賑災義診期間，喝上一杯甜滋滋的奶茶，心頭格外溫暖。其實我知道，他已經把我們當成好朋友，情真意切要來與我們分享。

當地村落分布十分零散，這次賑災醫療團打的是「游擊戰」，巡迴不同村落駐紮義診；當聽到附近有需要的病人，我們也會到宅往診。

在被媒體稱為世界上最危險國度之一的巴基斯坦，我們三三兩兩出入居民住處，腦海裏不免有些刺激的想像。但親身於此，能深刻感受絕大多數人們的真誠與友善，絕非外界刻板中的那種激進印象。

能喝到這杯奶茶，是緣於稍早之前的互動。落腮鬍先生來到醫療站，請求醫師到家裏幫女眷做治療，因為「在地震過後，妻子腳上長了一顆瘤，導致不良於行」。

巴基斯坦人對距離的概念與臺灣大不同，出發前，他強調住家就在不遠處，我們卻一直走在彷彿沒完沒了的山路上。

好不容易來到主人家，在他的引導下進入室內，一看女主人的腳——是地震後被重物砸傷導致血腫，內部血水積成大團塊，我們用空針抽掉積液後，立刻就消腫了。落腮鬍滿心喜悅地讚歎臺灣醫療「No. 1」！

和落腮鬍的緣分不止於此，後來的義診與發放，他又來了，不再以病人家屬的身分參與，而是加入慈濟醫療站的志工行列。

一位虔誠的巴基斯坦穆斯林男子，穿上來自臺灣佛教慈濟的志工背心，共同為當地需要的人付出。這一刻，有一種情，跨越了語言、宗教、種族與國界，填滿在我們心間。

當地人們質樸的笑顏，早已撫平我們來時的不安。

野地醫療，即時解危

醫療站送來了一位婦女，在安靜的山谷掀起些許騷動。她呼吸急促、臉色慘白、頭暈無力，表情極其痛苦，令旁人非常擔心。

是心臟病發作嗎？還是肺臟、氣管出了問題？情況會不會很嚴重？醫療站有辦法處理嗎？在這荒郊野外，即使來了大內高手，在缺少周邊設備的情況下，也未必能夠處理所有重症病患，同行的醫師們也不禁感到擔心。

幫她量了血壓，數值還算可以，心跳是快了些，但還不足以作為診斷依據，不過當我注意到她的手指僵直，對於外在的觸碰反應劇烈異常，心就安了一半，這是「過度換氣症候群」。

災難過後，居民的生活壓力都很大，親人、朋友傷的傷，死的死，財產、家園一夕毀滅，漫漫復建路，心頭焦慮更與何人說？

若是呼吸過於急促，體內二氧化碳不足，血液酸鹼值改變，就會導致神經敏感度異常。處置方式並不複雜，就地取材找來塑膠袋引導她靠著口鼻緩緩呼吸，過沒多久，血液酸鹼值平衡回來，緊急狀況很快就解除了。隔天，婦女回到醫療站，看起來已完全恢復體力。

並非專業分科細緻就是最好的醫療，能評估、解讀病人整體反應背後的訊號，才能做出最好的處置。

野地醫療資源有限，必須充分運用，也要足夠的經驗和知識，才能讓醫療能量得到最大的發揮。

巨災過後，慈善救助的同時，醫療也很重要，能幫上一個是一個，若醫療的腳步沒跟上，受創居民未來的日子，恐怕更是雪上加霜。

白褲上的粉紅色血跡

在虔誠的伊斯蘭國度裏，男女分際戒律嚴明，女性多戴著頭巾與罩袍，避免在外拋頭露臉，男性對於女眷更是保護。

基於尊重，在診療時會儘量避免與女性有肢體接觸，但我們的真誠關懷，居民都看在眼裏，而他們對醫師的充分信任，我也深刻感受在心。

這天又來了一位憂心忡忡的男子。兩天前他就曾到醫療站，幫腹瀉的妻子拿藥，見她身體似乎愈漸虛弱，只好再來醫療站，請求我們到家裏幫忙看診。

對於我們的到來，保守的女子起初有些不自在，經過診治，發現她是因嚴重腹瀉脫水而身體虛弱，需要打點滴補充水分及營養。

此時我們雖備有點滴輸液，卻沒準備軟針與軟管，不得已之下，只好席地坐在病榻旁，用手指固定住硬針頭，由同行的葉添浩醫師以針筒一支一支抽出輸液，再交給我慢慢打入病人體內。

為了避免針頭移動造成病人疼痛，我歪著腰的姿勢維持了四、五十分鐘之久，但漸漸地，我們都感受到病人的變化，她的心跳緩和下來，精神也恢復了些。

走出屋外，男主人滿心感動地與我們合影，大家這才發現我的白褲上沾染一片粉紅色印記，那是點滴輸液混合了少許血液，在抽換針筒時，不小心滴下的。

晚上返回營區，我們決定去向唯一的亞洲夥伴新加坡醫療團借調軟針。在這裏，所有團體都是為不捨災民之苦而來，需要時，彼此也會相互支援。

其實更早之前，他們也曾來過我們的營帳請求物資支援，但他們要的不是醫療器材，而是華人共同的家鄉味——醬油。

雖然我們沒帶醬油，但與他們分享了一些從臺灣帶來的即食配菜。在那遙遠的高山上，友誼，是最美味的調味料。

對不起，我們來晚了

十一月的巴基斯坦山區，日夜溫差接近三十度，夜晚我們六個大男人同睡一頂帳棚，帳棚內很暖和，但清晨起床時，最靠窗旁那個人的鬢角還是會結霜。

途經一座廢墟，當地嚮導指出，那原是一所充滿孩童笑語的學校，如今斷垣殘壁已看不出原形，水泥塊上暗黑色的乾涸血跡，卻仍清晰可見。

地震後，聽聞學校垮塌的消息，人們都趕到現場，沒有開挖機具，只能徒手與石塊拚搏，爭取搶救時間。在殘骸上的斑斑血跡和嚮導的心痛回憶中，我彷彿能感受到當時人們的悲傷吶喊。

災後三百萬人無家可歸，路旁到處可見帳棚，幸運一點的家人團聚，在平坦的臺地搭起帳棚集村，相互照應；但有更多的帳棚，就搭在山崖邊的巨大落石旁，救災卡車不斷呼嘯而過，天真的孩子就在附近玩耍。

是，那都算是帳棚吧？災後當地帳棚價格飆漲，許多人根本買不起，就用樹枝搭起支架，一片帆布、幾塊鋅板，湊合著棲身。

幫忙翻譯的大學生也不例外，受損的房子不堪居住，家人就用幾片鋅版，圍起一個睡覺的地方。

他向我們要了些發放後的物資紙箱，好在夜晚用來隔風保暖，讓家人不致受凍。山區路程著實遙遠，與團隊作業的方向並不順路，我告訴他：「過兩天往你住家方向去時，我們專程送去。」

他們所求不多，生命力也很堅韌，但兩天後當我來到他家時，內心感到十分愧疚與不忍。

這睡覺的空間，根本無法真的擋風遮雨，想到夜晚在刺骨的寒風中，只要簡單的紙箱就可以保暖，我們卻遲來了。如果知道是這情況，即使連夜趕車，也會把紙箱送去。

後來我們不止送去紙箱，晚上還開車送了帳棚過去，但他們卻沒留下來自己用，而是給了更需要的親戚。

若未親身走到當地，你很難想像，遮風擋雨，竟是生命中需要乞討的事情。然而面對生命的苦難，他們相信這是「阿拉的考驗」，用堅強與感恩的心志，甘願、安然地接受著。

他的母親感動我們遠道而來幫助巴基斯坦，臺灣在哪？他們沒有具體的概念，但她誠懇地對我們說：「我會在禱告中祈求阿拉保佑，但願你們在巴基斯坦期間一切順利平安。」同時，還邀請我們將來能去參加她兒子的婚禮。

雖然無緣返回當地，但我們也會在對佛陀的祈禱中，祈願他們順利通過考驗，早日平安如常。

鞋子開口笑

乾淨的水源極度匱乏，即使在聯合國營區，也沒水可以洗澡，若是真的不適應身上的味道，還是可以試著拿一瓶礦泉水，擦澡。

夜晚，當我裹著和發放給災民一樣的毛毯時，我想，或許他們和我一樣感到溫暖吧？想到這裏，微微的心酸中帶點欣慰，很快地睡著了。

東方發白，日出之前，響亮的伊斯蘭教喚拜聲，透過廣播穿透整個山谷，提醒人們，禱告的時間到了。

穆斯林每天五次對著麥加方向虔誠禮拜，隨著時代進步，許多地方都透過廣播擴音來喚拜，在巴基斯坦的每一天，我們就在喚拜員的呼聲中醒來。

其實天色還是黑的，遠山只有零星的燈火亮起。仰望天空，星月依然十分皎潔。這是我一生中見過最璀璨的星光，但人生至今見過最悲慘的景象，卻也在此同時發生。

這情境，讓我想起唐朝詩人張繼的〈楓橋夜泊〉，只不過，我做了一些修改——月落烏啼霜滿天，山邊微火對愁眠，UN（註1）城外清真寺，夜半呼聲到客船。

這艘船，是慈濟標誌上的法船。

註1：UN為聯合國United Nations的縮寫。

每一次大災大難後的緊急救援關頭，證嚴上人總是會合慈濟志工的力量，千方百計找出通道，路不通，就繞道；橋斷了，就搭橋。災難情境各不相同，沒有標準流程可循，必須一邊摸索，一邊推進。志工們面對刁難、困境，心中沒有委屈，只因這是自己心甘情願要做的事。

身在災區第一線的我們，能做的就是將正確訊息，送回臺灣花蓮慈濟本會，讓上人即時了解，進而評估後續援助計畫。

此行所到之處，住家、校舍、旅館，都垮了，連接山谷兩岸的最重要通路——吊橋，也倒的倒、斷的斷，東倒西歪。

有幾座橋，雖然橋面歪了，但橋墩算穩固。走嗎？有些驚險；不走，對岸的人們，如何是好？

剛開始走在危橋上，不免有些膽戰心驚，但幾趟下來，也就習慣了。我們就這樣帶著物資，到對面山頭發放、關懷，提供醫療服務。

幾天下來，鞋子終於撐不住連日在石子路上的行走，「開口笑」了。

好在，身為整形外科醫師，縫縫補補，正好是我的專長。

插曲不斷，但我很慶幸身為慈濟的一員，發心不是在口中，而是真正用腳走出來的。

苦難人間的星光大道

雖說男兒有淚不輕彈，但在災區，我時常流淚。

正當我每天和災民呼吸著同樣的空氣，夜晚走在一樣的星空下時，臺灣媒體界也熱熱鬧鬧迎來一場年度盛會——電視金鐘獎頒獎典禮。

這一年，我因主持《大愛醫生館》節目，首度入圍金鐘獎，許多同仁與粉絲期待一睹我走「星光大道」的風采，但我選擇來巴基斯坦賑災，走真實人間的星光大道，期盼為黑暗的角落，帶來些許如星光般的希望。

以臨床醫師身分主持醫療衛教節目，角逐獎項本非初衷，而是為了要讓更多人能「輕鬆地閱讀健康」。對我來說，來到巴基斯坦的星空下，可能一輩子只有一次機會，但金鐘獎星光大道，卻是年年都能看得到。

這天，兒子從臺灣傳來手機簡訊：「爸爸入圍金鐘獎，對我來說就是得獎」，婉轉告知我沒有得獎，我忍不住流下淚水。

不是因為沒得獎，而是欣慰兒子的懂事的同時，想到臺灣環境的富裕幸福，但眼前這些巴基斯坦的孩子，只能在路邊簡陋的帳棚裏，對未來感到茫然……

有同仁說，自巴基斯坦歸來後，我似乎變得更慈祥一些。當舉目所及都是苦難，啟發了「見苦知福」的反省，更懂得知足、感恩、善解與包容；當看到人們即使受苦，依然保持最初的單純與善良，真誠好客，對人性懷抱尊敬；當了解自己所走的每一小步，其實是無數愛心人在背後的支撐，心能不更謙卑而柔軟嗎？

我們從來都不是給予者，從受災居民身上，總是學會了更多事情。

晚秋的巴基斯坦星空無比遼闊，人間卻是這樣寂寥；媒體報導中那衝突激烈的民族特性，實際相處卻是十足的溫暖善良。我們常把誤解與偏見當成真相。

在遼闊的大自然中生活，人心很難是狹隘的。人們必須敞開心懷，互助合作，遵循共同的社會規約，才能達到生存的基本條件，對於陌生人的信任超乎我們的想像。相較於工商社會，他們的價值觀反而更踏實。其實，追逐金錢和名利欲望的都市叢林法則，讓我們不知不覺將人性中的善良本質淘汰掉了。

這裏的牧羊人與動物關係也是和諧的。羊奶是當地人重要的蛋白質來源，我們無法要求居民在嚴苛的環境下茹素，但動物生命中的多數時期是自由自在的，反而是發達國家的工業化繁殖和飼養，才造就了更多的恐怖景象。

在醫院裏，當關懷的本質被營運壓力和數字起落取代時，重心、方向就可能會偏差。我們要讓更多溫暖的故事被看見，讓同仁知道只要用心，自己尋常付出的點點滴滴，都可能改變一個人、一個家庭，找回單純的初心、美好的人性互動，就能在複雜的環境中產生穩定的力量。

不只是杯水車薪

若沒能將時間軸拉長來看，不免覺得災後救助如杯水車薪，起不了什麼作用。在參與多次國際賑災後，我不再輕易為此感到悲傷。

當團員忙著打點行裝和醫藥器材之際，香港慈濟人正在為我們的簽證奔走；在臺北慈濟內湖園區，一批批志工不捨晝夜趕製著環保毛毯；在花蓮的靜思精舍，師父們加開生產線，製作適應當地口味的咖哩香積飯；土耳其慈濟人迅速採購帳棚、鋅版與各式物資運往災區；而臺灣的志工們，還繼續開發著可以快速組裝，輕便而又安全的組合屋。

慈濟救災從來不是單兵作戰，而有著強而有力，全球、全面性的後勤網絡，配合勘災團員的第一手情報，隨時支援前線。

二〇一〇年，巴基斯坦發生建國以來最嚴重的水患，三分之一國土變成汪洋。慈濟志工傳回勘災畫面，一位剛出生十五天的小女嬰，裹著單薄的布單，以潮溼的泥土地為嬰兒床。

上人憂心不忍，敦請團隊以最快速度研發簡易床組，送往災區。以慈悲為前提的開發設計，從起初的塑膠瓦楞板床，經過歷代改良，蛻變成一手就能攤開、收合，獲得多項國際設計大獎的「福慧床」，不僅在災後能讓居民受益，也能讓辛苦高壓的救災人員得以舒適安歇。

日後當有機會躺在福慧床上，總能接收到它的提醒：不要輕易在困難面前說放棄，或歸咎於系統性問題而感到無能為力，只要能將點滴力量匯集起來，用心不輟，就可以帶來改變。

救難卡車一一遠去，滾滾黃沙漸漸止息，回看這片大山幽谷，是那樣的壯闊，也有那分的細膩。

在每一處駐紮營地前，都能看見穿著藍天白雲的佛教慈濟志工，拿著羅盤尋找麥加方向，設置祈禱室，讓穆斯林志工、民眾安心朝拜，信靠真主，生出力量。

當彼此有難，給出厚實的臂膀，一起找到未來的希望。從他們身上，我看見真正的宗教情懷。

「你們要為我們祈禱！」與巴基斯坦志工擁別時，他們留下了這句話。淚水哽住了我的喉頭，千言萬語，盡在不言中。

甫自災區回到臺灣，過著幸福便利的生活，有幾分不適應，幾位團員心神惆悵恍然，一時拉不回現實。

用苦難人所啟發的慈悲，結合群體的智慧，身體力行做更多利益人群的事情，並將這分愛代代相續，這是我們對災民期盼的回應。

探索小乾坤

刷牙的理由

在現代文明物資匱乏的巴基斯坦山區，居民保有各種傳統的生活方式，潔牙方式即是其中之一。當地人折斷特定的樹木枝條，剝去樹皮後用內部的木質纖維來刷牙。木纖維富有彈性，也有很好的潔牙效果，注意去看，他們的牙齒可能比我們都還潔白！

現代環保人士吹起了竹牙刷風潮，用復古的生活方式減少塑料對環境的傷害。雖然巴基斯坦物質條件艱困，衛生資源不足，但人們取材大自然的生活智慧，值得我們思考與學習。身在富裕國家的人們，更應該懂得尊重不同文化與生活型態，不要用自己的眼光看天下。

說到牙齒，成人有三十二顆牙，成犬則有四十二顆，考考你，若將人與狗的口腔物質拿來做細菌培養，誰的細菌比較多？答案是人。

遠古的人類下頜骨突出，但在懂得用火、開始熟食後，因食物變得熟軟而下頜骨逐漸往內縮，擠在一起的牙齒容易藏汙納垢、滋生細菌，若不善加維護，會造成齲齒、牙周病和各種口腔問題。

口水是天然的口腔清潔劑，狗的齒間縫細大，口水分泌量多，即使牠們不會自己刷牙，也能維持一定的清潔。

在不知不覺中，正常人一天平均分泌一到一點五公升的唾液，相當於兩瓶礦泉水的容量，且嬰兒比成人還多。睡覺時，口水分泌會大量減少，口腔缺少活水，就容易滋長微生物，這也是為什麼人們在一覺睡醒之後無法擁有清新的口氣。我們要更用心潔牙，才能保持口腔衛生。

附帶一提，人類經過數百萬年的演化，形成這一口排列緊密的牙齒，其中用來研磨植物纖維的臼齒，是肉食性動物所沒有的。從生理構造來看，人類其實是傾向於吃素的動物！

生命終將化作輕煙　世間沒有恆常不變的事
卻能因為以愛相聚　連綿接力　帶來希望的輪迴

尼泊爾 Nepal · 南亞

變數，變數，變數

二〇一五年四月二十六日，星期天。一早，接到慈濟花蓮本會同仁的電話，證嚴上人指示即刻準備出發馳援尼泊爾，會合時間是明天上午。

時間非常緊湊，各方網絡分頭撒下，我負責聯繫醫療志業的義診同仁、臺北慈院準備醫藥用品和申請緊急輸出，如果航班銜接順利，明天，我們就會帶著一公噸物資出現在當地。

就在前一天中午，尼泊爾發生芮氏規模七．八大地震，珠穆朗瑪峰甚至產生些微的位移。位處內陸高山，又是基礎建設相對脆弱和資訊不發達的國家，恐怕禁不起這樣的震撼，尼泊爾災情讓舉世感到擔心。

另一個和災情同樣令人不安的，是勘災醫療團即將踏上的行程。

當地沒有慈濟志工、沒有臺商，更沒有邦交關係，僅有的一絲人際脈絡，是何日生師兄在一場佛教論壇中結識的學者，而在出發前，能否聯繫得上仍是未定之數。

第一梯勘災醫療團任務重大，篳路藍縷中，須爭取時間了解災區現況、評估民間和各方需求，緊急救助的同時，還要建立起灘頭堡，並且為後續的賑災團隊鋪展通道，以直接、重點、即時幫助更多受災居民。

當媒體報導尼泊爾政府婉拒臺灣派員搜救時，慈濟以務實的民間力量穿透層層隔閡，將人道救助資源送往真正需要的人手上。

沒有既定的行程，也沒有回程的時間表。出發前，唯一能確定的事情，就是不確定。

心想初期的醫療模式，或許會和當年的巴基斯坦賑災相似——義診打帶跑，哪裏有需要，就在那裏設立行動醫療點，現地照顧傷病鄉親；其他的一切，就考驗所有成員的應變能力了！

考驗，果然從機場就開始。尼泊爾連外道路中斷，只能倚賴空路進出，唯一的國際機場規模並不大，許多國家救難隊都塞在轉機的路上，等候依序而入。

在曼谷候機時，先是得知原本預定搭乘的航班取消，又兩度被告知改搭的班機沒有座位，心頭不由得一沈，開始盤算各種對策，包括幾位成員如何將近百箱、逾一千公斤的物資提領出來。

不論如何，唯一沒做的打算，就是打道回府。感恩花蓮總指揮中心、泰國分會，和前線團員共同一心，加上全球慈濟人的協助和祝福，終於飛向了尼泊爾。

蹣跚，也要積極開路

在機上算一算時間，已經超過預定降落時間將近兩小時，從航程衛星圖可以看見，我們已在喜馬拉雅山上空盤旋了五、六大圈。

事實上，一路的忐忑未曾少過，在曼谷就得知有些救難隊已經到達加德滿都（Kathmandu）上空，卻因機場管制無法降落，只能原機折返。

天時、地利、人和，加上運氣，我們終於踏在尼泊爾的土地上。此時已是震後七十多個小時，雖然比最初的預定時間延遲了一天，但慈濟與韓國、日本等國家救難隊，同時抵達尼泊爾，且是少數在緊急救難時刻，到達當地的國外醫療團隊。

當看到一大批救命物資也順利通關時，淚水忍不住奪眶而出！

光是提領物資就花費了五、六個小時，風塵僕僕抵達預定下榻的旅館後，服務人員竟告知因資訊系統受損，查無訂房紀錄，旅館又因各路救難人員湧入，以及遊客無法出境而客滿，我們只得另覓他處。

在當地人的協助下，陸續找了好幾家，終於找到一家甫因受災重整而再度啟業的旅館。

水龍頭流出混濁的水，讓人感到不放心，但混亂之中，我們可以得到安頓，不必露宿街頭，心裏真的無限感恩。

物資運輸困難，旅館餐食供應也有限，早餐時間，只見住宿旅客幾乎得搶食才能吃得到。好在慈濟從救災經驗中累積出各種強項，隨團帶來靜思精舍研發生產的堅果和沖泡式香積飯，同時照顧到飽足感和熱量需求，接下來的幾天中午，我連香積飯也省了，經常以一把堅果來補充體力。

跨出義診的第一步並不容易，幸好有了解慈濟的當地官員，指引我們拜訪衛生部，誠懇地做了許多行政溝通，讓他們了解慈濟在全球各地的用心。災後百廢待舉，衛生部官員非常感動各界的援助，也感受到慈濟持續陪伴尼泊爾的誠心，我們取得了衛生部所核發的醫療准證。

這是慈濟賑災醫療歷史上的嶄新經驗，有了這張官方許可證，我們可以為傷患做更深入的醫療服務；當地醫院即使不認識慈濟、不了解臺灣，也能安心與我們展開合作。

環環相扣的醫療奇蹟

醫療需求很大，我們且戰且走，發現有需要的地方，就自己搬來桌椅，取出行囊中的醫藥用品，穿上白色醫師袍，民眾見狀紛紛湧上前來。當地的護理人員、護校學生，陸續加入了慈濟的義診隊伍。家裏同樣受災的他們，對慈濟醫師與病患之間的互動方式很感動，一方面幫忙翻譯和醫療作業，一方面也抱著學習的心情而來。

災後環境脆弱，救災也要有避免造成環境二次傷害的思維。我們將生理食鹽水分裝於消毒過的噴瓶裏，用來溼潤患者傷口的紗布，減少換藥時造成的疼痛。雖是小小舉動，累積起來卻能減少大量醫療廢棄物。

在當地衛生單位和醫療人員的協助下，我們一步一步與居民建立聯結，也進入醫院和健康中心關懷傷患。

在馬達普醫院（Madhyapur Hospital）的臨時帳棚區裏，躺著許許多多傷患，但骨折部位卻只用副木甚至厚紙板暫時固定。

原來，地震後傷患太多，有人斷手斷腳甚至脊椎受傷，但庫存的鋼板、骨釘已彈盡援絕，新的資材卻還進不來，患者只能在風吹日晒中，服用止痛劑度過骨折的煎熬，而手術依然遙遙無期。

尼泊爾人認命知足，即使受傷多日只能等待，現場也看不到哭號、抗議的情形。而鄰近醫院加起來，還有一百多位因欠缺骨材而無法開刀的骨折患者。

我們用手機拍下患者的X光片，透過網路社群軟體回傳給臺灣的總指揮中心，此時醫療志業的醫師們也都蓄勢待發，在很短的時間內，以骨科、麻醉科為主的第二梯次賑災醫療團確定成行，成員幾乎都是院長、副院長與主任等資深醫師。

骨材種類複雜，骨科醫療團幾乎是為傷患做好量身準備，從臺灣帶著充足的器材與設備，五月一日抵達災區，翌日就穿上手術服，出現在當地醫院手術室。

這種效率及突破，又寫下了慈濟賑災醫療史的新頁，更是國際緊急醫療所罕見，而大家辛苦努力中的汗水，最後也化成了病人痛苦解除後的感恩淚水。

在地震寶寶的哭聲中笑了

醫療團如虎添翼，我們決定兵分三路，骨科和外科醫師配合當地醫院進行手術，急診和內科醫師則深入鄉間提供行動醫療服務，還有一組人在巴塔普健康中心（Bhaktapur health care center）駐診。

手術中發生斷電，在災後可說是層出不窮。若在臺灣，主刀醫師可能會大發雷霆，抱怨受影響，但這時大家只有趕緊應變，打開手機的照明功能，在漆黑的手術室中，忘記身上悶出了一身汗，確保手術順利完成。

災區環境通常克難，慈濟賑災帽上的太陽能LED燈，發揮了強大功能，不只能照亮昏暗的空間，必要時，還能暫代手術燈，看診時，也能變成喉燈。

這是慈悲與科技結合下的發明，讓當地醫師非常驚豔，歐洲的醫療團跑來好奇圍觀，對臺灣的先進留下深刻印象。

而過程令我深刻的，莫過於在災後的重重陰霾中，聽到新生兒嘹亮的哭聲，讓所有人精神為之一振！

那是一位超過預產期仍無產兆的產婦，需要剖腹接生，在兩國醫療團隊的攜手協力下，一對雙胞胎健康地來到這個世界。

地震寶寶的誕生，為受創的國度迎來了希望的曙光，麻醉科林昌宏醫師記錄下這動人的一刻。在大篇幅苦難的報導畫面中，媽媽和孩子的喜悅登上國際媒體的版面，激勵了所有關心尼泊爾的人。

就在這迎接新生命的幸福時刻，醫院不遠處的涼亭旁也升起了縷縷輕煙。我好奇地詢問當地醫師，他們告訴我，那是地震往生者就地火化，人們會將往生者骨灰投入河流或小溪中。

同時間，經歷了生，也接觸了死；佛法一方面讓我們看到生命的希望，一方面也警醒著我們世間的無常。

縷縷輕煙中，真正能帶走的是什麼？還是把握因緣行善與行孝，在人間種種苦相中，我們確能因和合互助而帶來改變。

尼泊爾發生災難，如果不是因為證嚴上人深刻的關心和推動，我們怎麼可能化「行不通」為「行得通」，克服重重難關來到這裏？而在跌跌撞撞中所走出來的路，竟是最好的選擇，緊急調集了臺灣的菁英醫師前來支援，且在往後會合全球人醫會的力量，接續十一梯次的醫療服務。

一念心，可以改變許多事情。大災過後，因為愛與善的聚集，受苦的人們不至於一蹶不振，或是在低谷困境中迂迴不出，而可以很快減輕痛苦、看見希望。

也許生命終將化為一縷輕煙，但曾經深刻努力過的痕跡，將會用另一種形式延續與新生，帶來希望的輪迴。

咖哩中的友誼之味

醫療團隊四處評估、義診、支援手術，也拜訪了幾家醫院，期盼能延續往後的專業合作，提升他們照顧尼泊爾鄉親的能力。

所經之處，建築物倒塌得十分嚴重，眼前景象盡是一片殘破和零亂，但仍不時可以看見居民利用餘震的空檔，冒險進入隨時可能坍塌的危樓中，只為取出辛苦積攢的家當。

災難總在那些弱勢國家造成重大傷亡，因為建築設施的不牢固，禁不起天災摧枯拉朽，破壞力也就特別強；單純的人們卻要承受如此巨大的傷害，讓人不禁無語問天。

山裏的人們是敦厚的，因為要克服重重的困難而生存，大家會懂得互助關懷，共享成果，形成淳樸好客的民風，很少人會特立獨行，更別說是爭強好鬥，當遭遇重大變故時，也看不到有人展現出尖銳的態度。

雖然經濟落後，但尼泊爾人的友善舉世公認，甚至擁有全球名列前茅的「幸福指數」。然而也因他們溫和善良，不善與人爭，災後重建之路倍加漫長，需要集合外界力量來共度難關，而他們所回應出來的善意，也總會為彼此帶來甜美與溫馨。

就像那天，辛苦完成了好幾檯刀，疲憊之中，享用到當地醫護為我們準備的午餐——白米飯配上一勺燉豆和一撮咖哩醬，佐以幾片蔬菜和黃瓜，這名副其實的蔬食「簡餐」裏，有著尼國友人真摯的感恩和情義，鹹中帶辣卻滋味豐盛，配上一杯香甜的奶茶，美味令人難忘。

但願尼泊爾復建之路也能先苦後甘，只要因緣不息，慈濟也一定不缺席，會陪伴走下去。

靜思精舍的兩個時鐘

即使曾有過許多救災經驗，但在充滿變數的異國當先鋒，每一步都戰戰兢兢，如履薄冰；在災區透過視訊與花蓮靜思精舍連線開會，成為忙碌的行程中靜定安心的力量。上人沈著、圓融地整合意見、指出方向，也讓前線人員知道全球慈濟此時此刻的馳援行動，團隊共識油然而生。

精舍會客室牆上掛著兩個時鐘，一個是臺灣時間，一個是尼泊爾時間。地震發生以來，上人的心一直與尼泊爾居民同脈動，也牽繫著在災區的每一個弟子，令我非常悸動。

兩千五百多年前，佛陀誕生於尼泊爾，在複雜的宗教信仰和不平等的種姓制度中，走出一條覺悟之路，在今日的印度境內弘法利生。

一場巨震，讓無數從歷史中走出來的千年古蹟頹圮而走入歷史，告訴我們世間沒有永恆不變的事。

雖然佛法在印度式微，但在東傳至中國和東亞國家後，與百家思想激盪出更好的質變，積極入世的大乘思想得以從臺灣發揚光大。

慈濟人從實踐中印證法理，超過半個世紀以來，帶著佛法精神踏上全球九十多個國家。佛陀兩千多年前的初發心，經過時間長河的淘洗和學說的融合，成為更適合二十一世紀的宗教法門。

回到佛陀的故鄉，對佛弟子來說或許是溯源，但我更在慈濟的行動中，看到了未來。

電影《阿根廷別為我哭泣（Don't Cry for Me Argentina）》，描述出身卑微的艾薇塔（Evita）不向命運低頭，一路奮鬥、成名，成為阿根廷第一夫人，畢生與貧窮弱勢站在一起，改變社會和無數生命的動人故事。

在出發救災前，從媒體看到災情畫面，令人感到悲傷欲泣，但實際走過尼泊爾的艱難和廢墟後，我們可以不只是哭泣，而要結合更多人的力量讓他站起來。

一九九三年尼泊爾大澇，造成上千人往生、四十多萬人流離失所，慈濟在災情最嚴重、受助資源最少的三個縣興建大愛村。強震過後，志工們也重回當地探視居民，才剛下車還來不及整隊，鄉親們認出藍天白雲制服，從四處湧上前來。

一位阿嬤興高采烈拉著志工的手說：「以為你們不會回來！」另一位九十二歲的阿公說：「你們都沒有變，我變老了！」在他心中，藍天白雲的形象永恆鮮明。

他們老了，子子孫孫卻在這裏安居樂業、落地生根了。愛沒有消失，還一直滋長、繁衍著。

餵養家鄉的代價

幾年過去，回想在尼泊爾的那段時間，有一幕景象至今依然難忘，是路旁一條綿延數公里，幾乎看不見盡頭的人龍。他們在排隊等候什麼？答案是巴士，從首都出發往郊區的公車。

尼泊爾是山的國度，境內聚集了世界前幾大高峰，加德滿都海拔也有一千四百公里，鄉村居民謀生不易。

許多民眾翻山越嶺來到首都討生活，但地震過後通訊中斷，連確認家人是否安好的訊息也求不得，唯一能做的就是趕緊回家。

奈何巴士容額有限，有些班次甚至因路斷而停駛，遊子們心頭的焦急可想而知。這景況令我心頭一陣陣感傷，不知連綿人龍裏那一顆顆迫切不安的心，何時可以安定下來？

震災過後，我曾在澳洲昆士蘭美術館看到尼泊爾藝術家古隆（Hit Man Gurung）的作品，畫中故事深刻烙印心裏——

現代化的沙烏地阿拉伯沙漠裏，樹立起一棟棟奇蹟般的世界級大樓，那是無數勞動人口用血汗甚至生命所造就。在一片高樓大廈的相片牆前，掛著一頂布滿汗漬的安全帽；一旁滿臉皺紋、精神頹喪的尼泊爾中年夫婦，手中展示著一本被蓋上「CANCEL」戳章的護照。

是的，安全帽和護照，原本有著相同的主人——這對父母的兒子，為了改善低收入的家庭困境，遠赴沙烏地阿拉伯工作，卻僅六個月就發生工安意外而往生。令人哀傷的是，未成年的兒子當初謊報了年齡，只為了符合明文規定。

另一幅作品中，尼泊爾工人抱著一顆寫有阿拉伯文字的足球，站在故鄉斷垣殘壁的相片牆前，工人的雙眼盈滿血絲，臉上水珠縱橫，卻讓人分不清是眼淚還是汗滴。

卡達（Qatar）為了迎接二〇二二年世界盃足球賽而大興建設，五十萬名尼泊爾移工投入這項計畫，未料故鄉發生世紀災難，工人無法回鄉探親，家人也渺無音訊，畫中人物雖面無表情，卻流透出強烈的悲傷情緒。

這一系列名為「我必須養活我自己、我的家人和我的國家（I Have to

Feed Myself, My Family and My Country）」的藝術作品，是根據古隆親身探訪的尼泊爾家庭故事所創作，而這只是整個社會的縮影。

在快速運轉的都市裏，移工往往是被漠視的一群。

世界上有許多國家大量引進海外移工，他們離鄉背井，忍受思鄉之情，希望能讓家人過上好日子，但自己的勞動、生活條件卻常常是嚴苛而不自由的。若是辛苦有了代價，一切苦難都不足掛齒，但若是自身或家人遭遇意外，則令人痛徹心扉，憾恨難當。

在臺灣，也有許多海外移工投入基礎建設、人口照顧，對社會貢獻很大，更是經濟發展不可或缺的動力，每一個人都有屬於自己的生命故事，每一個人都有自己的名字，值得我們給予更高的尊重、更多的關懷。

探索小乾坤

關心入骨

大地震過後，建築設施較脆弱的地區往往會有大量的骨折病人，由於人體的骨頭形狀大小各不相同，骨科手術需要的醫材種類也就特別複雜。

骨頭的重要性無庸置疑，是支撐起身體的主要支架，為運動能力提供良好的基礎，更保護著體內重要器官，也是體內鈣、磷等礦物質的儲存槽。

成人骨架平均由兩百零六塊骨頭組成，剛出生的嬰兒骨頭數量更多，有三百零五塊，成長過程中，部分骨頭會融合在一起。

人體中最大的骨頭是大腿骨，成年男性長約四十一公分，女性約三十八公分。最小的骨頭則在耳朵裏，分別是三毫米的鐙骨、七毫米的砧骨，與九毫米的槌骨，三塊骨頭合稱聽小骨。

耳膜接收外界音波震動後，位在中耳的聽小骨會接著產生機械振動，引起耳蝸內的液體運動，刺激內耳的聽覺受器。聽小骨缺損會造成聽力損失，透過微創手術，可以進行自體重建或人工聽小骨移植。

至於人體中骨頭數量最多的部位是哪裏呢?是手。從手腕到手指，共由二十七塊骨頭組成，雙手就有五十四塊，占全身骨頭數量百分之二十六以上，可見手部活動的精細度與重要性。

人類因為這雙靈活的手，而發展出使用工具的能力，刺激大腦的思考力和創造力，智能開發而走出一條與其他動物截然不同的路，因此我們要多善用雙手，若只是用來滑手機，甚至成為假訊息的散布者，就太可惜了。

骨頭數量第二多的部位是腳，從腳踝到腳趾有二十六塊骨頭，兩腳就有五十二塊，占全身數量的四分之一。這說明手與腳的功能都不是靠幾塊骨頭就可以完成，腳部複雜的骨頭結構，加上韌帶與肌肉等軟組織，讓人類在不平整的路面也能行走自如，而不至於輕易受傷。

人類是擅長走遠路的動物，我們要好好運用這個能力，多走路，多活動，也要注意足部的保護，選擇舒適服貼、符合人體工學的鞋子，減少關節的耗損。

如何讓受困的心靈走出陰霾？　愛是一帖良藥
在付出中　我們會慢慢忘掉自己　但最後卻能找回自己

中國 China・東亞

埋下一顆種子

親愛的師伯：您好。

不知道您是否還記得，在十一年前，有一位小男孩，因為地震的緣故，與您結識！我的家位在四川什邡洛水，地震之後，您所在的慈濟團隊是第一批到達我的家鄉。

……或許，在您的記憶中，關於我與您的部分很模糊了，但我想說，很有幸能在十一年前接觸到您們，在十歲的我的心裏，埋下了一顆很深的種子。

二〇一九年五月，來自四川的一封信，讓我腦海中的場景移動到二〇〇八年五一二大地震後的洛水鎮。來信的譚錫偉，那時是我的隨行翻譯小志工之一，由於四川鄉音濃厚，非但我們難以理解老一輩鄉親的語言，他們也聽不太懂普通話，需要有人從中翻譯。

地震後，校園毀損嚴重，暑假提前來臨，學生們聽說慈濟設有服務站，因緣際會來到這裏。

慈濟志工發揮資源組織的本領，號召現場的青少年、小朋友擔任志工，有人做環保維持環境清潔，有人洗菜幫忙供應熱食，而十歲的錫偉和另一群孩子們，則成為醫療團最得力的翻譯助手。

對我來說，那些記憶非但沒有模糊，還十分鮮明，猶如信中這孩子還倚在我身邊一樣的親切。

課本裏，那有著阿里山、日月潭美景的臺灣，對小錫偉來說既親近又遙遠，他對我們很好奇，竟能因一場地震而大老遠來到他面前，而且原本我們聽不懂當地方言，幾天下來，也能學著鄉親的口音問診，和大家打成一片。不只他，每一位當時跟前跟後的小志工，都和醫師們建立起緊密的聯結。

在痛苦低迷的氣氛中，孩子們的出現，安慰了許多身心受創、喪失親人的長者，而他們也在鄉親的眼神與改變中，肯定了自我和助人的價值。

正是因為在大地震那年，我深刻地感受到了被關懷的溫暖，所以我有能力的時候，也儘量去做志願活動，去敬老院、去給小學生做課後輔導。從中，我終於能體會到十一年前您們的心情！這種感覺真的很美好！

十歲的他清秀可愛，二十一歲的他長得英挺而陽光。當年，在斷垣殘壁中，看到人間最絕望、淒苦的景況；如今，在這隻字片語中，我看見當時落地的愛的種子，確實成長、茁壯了。

那困境之中的因緣交會，並不只是一個轉瞬即逝的火花，更指引出生命的方向和未來的希望。

錫偉在信中說到，重建後的洛水很美，邀我有空回去看看。我完全可以想像，因為從這些蛻變的生命裏，我已然看到重建後最美的風貌。

用愛縫補傷痕

芮氏規模八點二的極淺層強震，劇烈搖晃二十多秒，造成超過六萬九千人往生、一萬多人失蹤，這場中國大陸史上破壞力最強的大地震，震撼了全世界。

四川盆地周邊群山聳立，自古就讓人發出蜀道難的呼嘆。強震過後，山體大範圍滑坡，重災區道路柔腸寸斷，對外通訊失聯，災情一時難以估計，需要軍警搶通，爭取黃金救災時間。

走過九二一，臺灣人的震殤記憶極為鮮明，對川震猶如己飢己溺，各界愛心快速捐輸與集結，慈濟基金會也立即整備救災資源，災後五十個小時，從臺灣運送抵達災區。

災後兩天，以大陸慈濟志工為主的第一梯勘災團進入成都，晚間挺進重災的德陽市，隔天繼續深入其他重災區；災後一週，第二梯次賑災醫療團展開救助行動。

救災諸事如麻，在臺灣接收到訊息可以特殊通關，我與幾位沒有臺胞證的團員，卻在香港轉機時卡了關，全團直到深夜才安然抵達成都。

我心裏知道也感恩，在香港機場耽擱的那幾個小時，有兩地公私部門馬不停蹄在聯繫與處理。

重災區生活機能破壞殆盡，賑災團只能以成都為基地，每天清晨天未亮，分乘小客車，在崎嶇山路中顛簸兩、三個小時到洛水，往往晚上十點以後才回到飯店，每一天，都是兩頭不見日的奔忙。

才走進重災區，還沒開始義診，老奶奶看到外來的援助團體，緊握著我的手，滔滔傾訴喪失親人的悲慟，彷彿連日來的壓抑終於有了出口。

不只老人家，年輕的爸爸、媽媽、孩子們，每一雙與我們交會的眼都泛紅、泛淚、泛著愁雲和慘霧，眉眼糾結著濃濃的悲傷和驚惶，沒有一個人能夠舒坦。

抱著他們，我的心情也不禁激動了起來。

實際置身世紀災難的場景，才了解災情比出發前所知道的更為慘重，不只怵目驚心，更能體會上人悲極無言的心情。

雖然主震已過去一段時間，但醫療在災難過後仍發揮了重大功能。因應大量外傷、腸胃不適、痠痛、感冒、慢性病中斷治療，與焦慮、恐慌、失眠等創傷後壓力症候群，我們備妥了各種醫療物資和藥品，在廢墟旁的簡易帳棚下展開醫療照護。

傷口很髒，我小心地上麻藥、清潔、消毒再縫合，希望傷口癒合良好，將來不會在他們身上烙下痛苦的痕跡，加上志工一對一的陪伴與膚慰，即使是小患者，在醫療現場也不至於因鮮血淋漓而出現嘶吼與哀號。

駐點義診之外，也為無法外出的患者出診和送藥。走過阡陌小路，迎面而來的是一處處支離破碎的聚落，悠然恬靜的山水田園景象，被植被剝落的光禿禿山頭所取代，有的老翁頹坐在瓦礫堆上黯然拭淚，更有的望向遠方而眼神茫然……

一位老伯伯拉著我走進原本世代安居的房子裏，屋瓦幾乎震落，只剩幾支孤獨的木椿，四壁也不完整，儘管如此，他們仍然守著這裏，不知未來在何方，只想有一個人理解他的悲傷。

我送上保暖的慈濟毛毯，他愁苦的臉上露出了感恩的笑容，這是地震以來，他感到最溫暖的事情了。握緊他的手，抱抱他，我想這時候，最好的醫療就是「愛」。

來來回回奔走，身體雖累，但都還能負荷，倒是腳下的鞋子先行不支，又張口笑了。帶來的針線，不只縫合了許多皮開肉綻的傷口，也縫補了那雙行萬里路的白鞋。

活下來，感到內疚

災後十天，挖掘出的罹難者遺體都已移出事故現場，但來到面目全非的校園，在殘破不堪的瓦礫堆旁，看到臨時安置大體的草蓆、焚燒過後的香腳，與失去主人的衣服和書包，依然感受到強烈的悲戚，更遑論水泥塊上還遺留著斑斑血跡。

二十多萬棟倒塌的建築物中，有數以千計的校舍。焦急的家長顧不得自己受傷與受驚嚇，趕來學校徒手對抗那沈重粗暴的水泥塊，盼望唯一的寶貝孩子被救出，但盼到的，卻是父母親們一陣又一陣青天霹靂的哭號。

他們說，地震後的那個晚上，天空下起了大雨；有的孩子就懸在窗邊，看得到卻救不到。聽到這裏，我心中也掀起了陣陣的淒風苦雨，感到情何以堪。

彷彿是整個世代的殞落，一個家族頓然失去寄託，而幸運生存的學生們，也感到痛苦，吐露出複雜的心聲：「走掉的都是那些優秀、乖巧的同學……」

地震發生在星期一下午，距離上課鐘響不到兩分鐘，學童們大多返回教室裏，準備迎接下一堂課。

一些玩心較重的孩子，打算在操場多待一會，卻在接下來的天搖地動中，看著校舍在面前傾斜坍塌，與同學、好友們，瞬間分隔成兩個世界。

這樣活下來的他們，內心很自責。

一方面對親人的逝去感到傷痛，一方面對地震的再來感到不安，人人如驚弓之鳥，惶惶不可終日；穿上慈濟背心做志工，心裏覺得踏實，時間也變得很好過。

慈濟服務站成為「安心」的所在。

一位九歲的小孩，在地震中壓傷了腳，他卻堅持每天跛腳走四十分鐘的路，來醫療站擔任志工。

另一位讀初中的少女，因親人驟逝而面無表情，眉頭深鎖，在慈濟人的陪伴下，漸漸露出了笑容，還成為一顆志工種子，帶動其他小朋友。

每當團康音樂響起，孩子們都走出帳棚，自動聚集在一起，大聲唱、認真比手語，童稚的歌聲為沈重的現場注入一股輕盈。

相信受災鄉親只要接收到至誠的關懷，都能從苦難中走出來，但沒想到，手語歌曲教唱也有這麼強的療癒力，在歌詞情境與肢體動作的反覆練習，他們轉移了注意力，從情感的陷溺中抽離，還會觀察彼此的需要，相互照應。

最讓我感到欣慰的是，他們很快就學習到慈濟人貼心膚慰與恭敬鄉親的舉止，用尊重與珍惜因緣的心態來付出。

在這相互支持、彼此陪伴、同心為善的過程中，孩子們慢慢有了新的體悟，要替逝去的同學活出另一段有意義的青春。

四川小志工，是我的賑災醫療經驗中，最特別的一支志工團隊，每一張笑顏都令人動容。

用餐時間將近，慈濟服務站前排起了長長人龍，鄉親拿著環保碗出來盛裝熱食，這是他們重生路上最重要的能量補給之一。

不只是一鍋辣椒

在臺灣過去許多重大災害經驗中，慈濟人也會在第一時間供應熱食，但大多是由分會廚房準備好的便當，或是能快速烹煮的粥和麵，而在現場炊煮數千人份白米飯、烹調多樣化的配菜，供應需求與日俱增的受災鄉親食用，是第一次在四川看見。

蒸飯機來自實業家的發心捐助，也有不少臺商暫停工廠業務，帶著員工來到災區幫忙。即使是老闆、高幹，也堅持做到最後一位鄉親取完餐食，自己才蹲坐在水泥塊上隨意用餐，而那往往已過了供餐時間一、兩個小時，這分用心與真誠，我點滴銘記。

災後，每天都能看到一些失去孩子的母親，抱著慈濟人痛哭的身影。香積志工牽著媽媽們的手，一起做羹湯給鄉親吃。

這些事情媽媽們本就得心應手，當溫熱的飯菜送到鄉親手上，人人吃得又香又滿足，暖了胃更暖了心，她們也漸漸受到了鼓勵，悲傷被昇華成力量。

小朋友們也想加入，於是在社區媽媽的帶領下，幫忙挑洗菜、剝蛋殼、用鋼絲球俐落地刷掉馬鈴薯皮。

大家聚在一起，一邊做事，一邊互訴驚恐、安慰彼此受傷的身心、共勉在困難中走向未來，像是一場又一場的團體心理治療，更重要的，他們確信了自己還有能力付出，社區可以因互助而變得更好。一起備菜、煮飯、熬熱湯，已然變成了慈濟服務站周邊鄉親的每日盛事。

川人嗜辣，志工們每天必炒上一鍋火紅辣椒來佐餐。微嗆的椒香透過熱氣傳遞到鄉親的鼻腔，竟也有著提振的力量。在任何思親或受苦的角落，熟悉的食物香氣永遠能撫慰人心。

災難過後，最容易集結的就是物資，災區方便麵和飲用水堆積如山，居民飲食基本無缺；但以愛的行動力持續付出，觸動到每一顆心，卻是不容易的。

慈濟團隊就地供應熱食，原本當地官員也不太看好，但大家很快就見證到不可思議的集體療癒力。

慈濟的熱食裏還有一項堅持——環保餐具。證嚴上人不忍地球受毀傷，使用拋棄性免洗餐具雖然方便，卻會為災區環境快速累積負擔，不計成本運送環保碗到災區，叮囑志工用心教育民眾，讓清淨在源頭的環保種子，在當地一一落下。

居民領回了餐盒，用餐後各自清洗乾淨，隔天再帶來取餐，幾天下來，便養成了攜帶環保餐具的習慣。三個月急難關懷，供應的八十一萬份熱食，幾乎都以循環使用的環保碗盛裝。

十多年後的今天，許多當初加入的香積志工成為了環保志工，在四川帶動著垃圾減量、重複使用、資源回收的環保生活。

希望在綻放

熱食站，讓跌宕在谷底的心情，走上了一條真正具有建設性的道路，而志工每天帶動的祈禱歌聲，則讓一個個驚惶糾結的臉部線條，變得平和而柔軟。

居民完全能理解歌詞意涵，雙手合十，至誠投入情感。和自己對話也好、為親人祝福也好、上達諸佛聽也好，在祈禱中，心情得到沈澱，甚至漸漸綻放希望。

短短幾天的改變，絕非單靠醫療藥物或捐助金錢物資就可以做到，需要各方力量的緊密結合。

帳棚下，一位婦人抱著慈濟志工，泣訴災後的心情轉折：「老頭子需要照顧，兒子又臥床不能動，我不知道該怎麼辦，一直想死……」

不一會兒，她的嘴角往上揚起。「我現在不這麼想了，自從你們過來一直關心我們，我心裏都是感恩。」此刻，她所流的是感動的淚水。

市場也漸漸復甦了，斷垣殘壁還未清除，但賣菜的小販就地設攤，理髮店老闆露天為人剃頭，我看見生命強大的韌力，而有愛的持續陪伴，受災的人們能更快站起，歸於安定。

在我們離開四川後，一梯又一梯的醫護人員和志工緊接而上，急難期後，繼續展開中長期的「安身、安生」方案，助學、援建大愛村和希望工程學校，教聯會老師、慈青的加入，讓關懷層次變得更綿密而寬廣，培育出更多關懷種子。

爾後，不時在志工早會看到小志工的身影，他們做環保、訪貧、關懷社區老人家。

少年陳龍因受到志工的鼓舞，立志攻讀醫學院，後來不但經常參與志願服務，也如願進入醫院述職救人，二〇一八年回臺灣接受證嚴上人授證祝福。

整整十年，他初心沒變，而且益加堅定。

川震過後，我看到的不是一部救災的斷代史，而是綿亙不盡的通史，是真真實實持續上映中的大愛劇場，每每令人感動良久。

在陳龍激動的淚水中，我想起了遠在山東的叢雅玉，二〇一五年當我在板橋靜思堂的海外志工受證營隊見到她時，她眼角也同樣閃著因感恩而顫動的淚光。

在付出中找回自己

二〇一三年，在山東青島的冬令發放中，我與雅玉重逢，當時她穿著志工服，為頂著嚴寒來領取物資的鄉親準備熱食。

記憶中，她手部骨折傷及神經，膝蓋也動了手術，日常動作十分困難，需要走一段艱辛的復健路；如今她能這樣付出，我的內心非常悸動。

永遠記得第一次見到雅玉的情景。當時她滿臉血跡，驚慌痛苦地拉著我的手呼求：「要救救我！救救我！」我安慰她：「把心安下來，其他的交給醫護人員，我們一定會做最好的處理。」

二〇一一年四月，她與父母同遊阿里山，搭乘的小火車被斷樹砸到而翻落邊坡，她與父母被分別送到大林慈濟醫院、嘉義基督教醫院和天主教聖馬爾定醫院救治。

那是大林慈院第數度因重大交通事故而啟動大量傷患機制，我趕往急診室坐鎮與關心。

在醫療團隊的手術和照料下，雅玉身體不斷進步，我也因每天巡房關懷和她建立了很好的互動。

雖然自己身心受創，但她更掛念父母傷勢，透過志工、社工和醫護人員的膚慰和引導，她體會到「無常」、了解了「因緣」，懂得「見苦知福」這些過往不曾接觸的道理。

雅玉的父親傷重不治，她和媽媽帶著父親骨灰返回青島，悲傷之中，她仍有著一個人生目標——做慈濟。

這趟臺灣之旅，原本可能只帶著傷痛回去，因為眾人一路的陪伴，讓傷痛中多了一分希望，一分希望能在他人受苦時，給予溫暖的自我期許。

兩岸志工無縫接軌，青島慈濟人很快找到她，陪她走過最煎熬的時光，也陪著她見習、培訓、受證，在長街陋巷中訪視關懷，發揮善的影響力，她是一位能感動他人，更感動我的慈濟志工。

如何讓受困的靈魂走出陰霾？我想，愛是良藥。走出去，看見需要關懷的角落，在付出中，我們會慢慢忘掉自己，但最後，卻能找回自己。

探索小乾坤

心腦相依

人心會受到各種外在事物的拘束和影響，晉朝陶淵明也說：「心為形役」，許多人嚮往擁有自由自在的靈魂，但心要從哪裏脫困呢？

現代科學已經知道，心臟是規律跳動的幫浦，而人的潛意識、意識與行為都是來自大腦的作用，我們的邏輯、分析、思考、創造等高階功能都於大腦執行，情緒與人格發展也與腦部發育有關。

成人腦部重量約一千兩百到一千五百公克，占體重約百分之二，但卻消耗體內百分之二十的氧氣供應量與熱量，而且腦部只以簡單的葡萄糖作為能量來源。

一般人認為，愈聰明的人腦容量愈多，重量就愈重，但這並非絕對的。愛因斯坦的腦部重量約一千兩百三十克，並沒有比較重，但科學家發現他的腦部皺褶比較多，連結左右腦的胼胝體也特別發達。

腦的表面凹凸不平，因為在有限的空間裏，皺褶可以增加表面積，讓功能更強大。大腦有三分之二的表面積藏在皺褶裏，若將皺褶攤開，平均面積約兩千到兩千五百平方公分，相當於一張報紙大小。

從腦部橫切面來看，包裹在外層顏色較深的組織稱為大腦皮質，厚度大約只有二點五到三毫米，非常薄，但密布高達一百四十億個神經細胞。

不同部位的大腦皮質掌管不同功能，例如：額葉負責高級認知，語言、學習、思考、情緒，與自主運動；頂葉處理視覺和空間感，顳葉掌管聽覺、嗅覺、物體識別與長期記憶；枕葉負責視覺，內側的邊緣系統則負責情感與獎勵學習。

額葉像是大腦的總指揮，能衡量全局做出判斷、決定，協調各功能的執行。它是神經系統中最晚演化完成的部分，卻是決定人類發展不同於其他動物之處。

孩童動輒哭鬧，青少年任性叛逆，情緒掌控度不好，都與額葉發育尚未完全有關。不過青春期孩子的父母也不要過於焦慮，這是人類基因設定必經的過程，代表他將要脫離父母庇護，成為獨立的個體。

有些人額葉受傷或長腫瘤，會憂鬱、失去判斷能力與執行力、改變社交行為，甚至情緒失控，做出社會不容許的事情。

由於大腦皮質能掌管理性與思考，有了它的控制，人們會懂得有守有為，知所節制，但酒精會抑制大腦皮質的機能，這也是為什麼人在酒後容易忘形的原因了。要如何避免這個情況發生？最好就是：不要喝酒。

埋怨、批評 無濟於事 期待改變
就從自己的一念心 從do something開始

菲律賓 Philippines・東南亞

淚光閃閃，不只是悲傷

冰涼的雨水飛過半掩的窗，打醒已然入睡的我。夜半深更徐徐坐起，就著走廊極其微弱的光，整了整毛毯和蚊帳，打算重新睡下。

大夥勞頓過後的鼾聲此起彼落，有個男人卻同我一樣醒來，似乎不是外頭的雨水弄溼了他，而是被自己的淚水濡溼衣襟。我認出他是來自美國的陳福民醫師，而他還顧不得眼前的黑影究竟是誰，便抱著我哭了起來。

此刻太多尋問都是多餘，只需要給出彼此理解的肩膀。

二〇一三年末，耶誕節前一個月，我們在菲律賓萊特省（Leyte）的獨魯萬市（Tacloban），一起看見希望。

獨魯萬是菲律賓東維薩亞斯（Eastern Visayas）群島中面積最大、人口最多的城市；二戰期間太平洋戰爭猛烈交鋒，鄰近的沙灘更是麥克阿瑟率盟軍重新登陸的地點，交通樞紐重要性與經濟發展潛力，由此可見。

沙場的悲愴場面我們無從親歷，但此時的獨魯萬宛如大戰過後，體無完膚，滿目瘡痍，如瀕死之城。

十一月八日，當時衛星觀測史上最強颱風「海燕」狂掃菲律賓，造成逾七千人死亡及失蹤，兩萬人受傷，上百萬棟房屋毀損，舉國進入災難狀態；毀滅性的破壞力，讓海燕從此在颱風命名中除名。

颱風中心掃過的萊特島迎風面城市首當其衝，獨魯萬災況慘重，重建之路難於上青天，中央政府與聯合國也徒呼負負。

慈濟跨國急難救助即將啟動，我確定這次非來不可，但這突來的行程，卻與陪伴母親同遊日本的原定計畫撞期。

二十多年前，懷著滿腔抱負和堅定心志，告別父母前往花蓮，孜孜矻矻於臨床照護與大小醫療事務，往後又輾轉到大林、臺中，鮮少停下腳步與他們顧盼相望。如今不僅雙親鬢髮花白，我也是個阿公了。

然而，期待已久的天倫行臨時轉向，依舊是得到家人無條件的理解與祝福。

感動我的還有華航，得知我因急難援助而取消赴日機票，以全額退費來表達支持。

也因此，我有機會在短短數日內親眼見證災區歷史性、戲劇性的改變，居民從神情空洞轉為士氣高昂，璀璨笑顏震撼人心！

我想，陳醫師的淚水，不僅是為受災者的逝去而感傷，更是為這塊土地的新生而感動，為慈濟人不可思議的軟實力而感恩。

明天過後，重返希望

清晨醒來，林昌宏醫師一手變成了紅豆冰棒，引來大家一陣圍觀！

重災過後的前線義診，夜寢之處自然不是飯店或分會，雖是在受損停課的教室打地鋪，但經由菲國慈濟志工悉心清潔打點，也足以讓疲憊的大家睡得夠香，半夜手伸出蚊帳外也不自覺。

教室裏半邊傾斜的大壁報上，偌大的標語依然清晰可見——禮是規規矩矩的態度，義是正正當當的行為，廉是清清白白的辨別，恥是切切實實的覺悟。曾經耳熟能詳的標語映入眼簾，瞬間感到親切。

當歷史的浪潮將華人帶往不同國家落腳，華僑學校便擔負起傳續文化薪火的重任，這所禮智興華中學即是其中之一。那些我們幾乎遺忘的句子，不只是對莘莘學子叮嚀，也重新給了我們一番提醒。

隨著志工走進沿岸重災村落，每一幕景象都衝擊了雙眼。數萬噸重的貨輪，斜倚在離岸逾百公尺的陸地上，建築慘遭蹂躪，汽車被塞入房屋瓦礫堆裏……若非親眼見證，難以想像超級強烈颱風的威力。

狂風驟雨引發海嘯般的暴潮，以木材、鋅板所搭建的民房自然難以抵擋，但觸目所及，磚造房屋也硬生生被攔腰切斷——一波波巨浪將貨輪推往岸上，連結船與錨之間的巨大鐵鍊，竟成所向披靡的利刃，將所經之處全面摧垮。那些居民集體避難之處，反而傳來嚴重傷亡。

劫後餘生的人們，被尖銳物割傷、傷口潰瘍、皮膚感染等外科需求急遽增加，感冒、頭痛、腹痛等內科病人更是不少；當地生育率高，小兒科醫療也是重點項目。

大隊人馬帶著大批物資，輾轉經空運、陸運及海運，跨越千山萬水往赴災情嚴峻之地，期間發生了不少令人心驚膽戰的變數，但相較於菲律賓慈濟人此行一路的艱辛，我們所經歷的都不算什麼困難。

海燕過後，國際媒體大幅聚焦菲律賓災況，也揭露出重災區社會秩序不安定的一面。災後多日，終於有跨國救災物資送抵孤立無援的獨魯萬，居民等不及發放而上前爭搶，超市被劫事件亦是時有所聞。

受災範圍廣大，政府難以全面救助，國際資源無法即時到位，傳聞可能放棄重建獨魯萬。庶民百姓喪失立錐之地又得不到重建資源，進入門戶洞開的受損賣場爭取生存希望，這也不過是人性，無法完全怪罪他們。

但當聯合國形容獨魯萬為「棄城」，菲律賓慈濟勘災人員卻克服阻礙登上萊特島，關心居民和教會所需。

災區實況傳回花蓮靜思精舍，上人很快就拍板，以兩倍於當地每日基本工資的五百披索，儘快展開以工代賑，激勵居民自救與互助的力量。

一個個不可能的任務接續展開，志工從宿霧跨海運鈔，十九天以工代賑，三十萬人次參加，在高效的分組運作下，洶湧聚集的人潮看似凌亂實則井然。這是慈濟賑災史上最大規模的以工代賑急難援助，後來也成為國際間探討的慈善模式。

海燕賑災的成功不是偶然，不僅是根植於慈濟四十多年的救災經驗基礎，更是來自於菲律賓慈濟人長年一步一腳印的深耕社區。

胸懷千萬里，心思細如絲

行醫生涯中的第一次海外義診，就是來到菲律賓。停駐在腦海的深刻印象，不只是貧窮患者因無力就醫而背負的巨人腫瘤，也不只是當地居民的樂觀與知足，更有菲律賓慈濟志工們強大的組織動員力。

那是一九九七年，我到花蓮慈濟醫院任職的第九年，承擔外科部主任，醫院運作從早期的飄搖不定中逐漸站穩，忙碌依舊是臨床工作者的日常。聽聞上人講述菲律賓分會自一九九五年開始的義診盛況，每場執行手術數百檯、拔牙數千顆，醫護人員與志工們遠赴深山、離島提供醫療照護，相信那龐大的服務量背後，必有極為細膩的用心，欽佩之餘，我終於爭取到機會親身參與。

全國高失業率，高比例人口處在貧窮線下，山區和離島生活更是普遍困窘。離開首都馬尼拉，眼前反差強烈的不只是街景，但連路上的狗都瘦骨伶仃，可見環境資源的匱乏。

即使政府補助貧民於公立醫院看診免費，但自費的檢查、藥品與手術，依然是他們承受不起的負擔。何況島嶼分散、道路崎嶇、醫療資源分布不均，許多居民一輩子不曾就醫。

在那樣的背景下，菲律賓慈濟人先是與馬尼拉幾家醫院合作免費施藥，後來籌辦大型義診，深入窮鄉僻壤解決居民的醫療需求。

義診現場，折疊桌或上課桌化身為手術檯、可口可樂木箱就是醫師墊腳座；用投射燈甚至普通白熾檯燈集中照射，手術視野也能明亮清晰；麻醉機、電動止血機，攸關病人安全的醫療設備一應具全，布單、器械包更是整理得井井有條。

克難的空間雖是用學校教室臨時布置而成，但醫療人員的技術與感染控制絕對在水準之上，這是支素質精良且戰力高昂的野戰部隊。

醫師們一起搬設備、組裝、消毒、布置診間和手術室，擔架不夠用時，就自己抱著開完刀的病患到恢復室，夜晚則有人輪流值夜，看顧需要過夜觀察的病人。忙碌和辛苦不在話下，但看到病人解除多年病痛，內心欣悅不但足以消弭疲倦，還讓人氣力百倍。

在菲律賓義診中，看得到團隊合心協力，更看得到安全、效率、秩序兼具的通盤考量，有豪壯的氣度，更有細膩的思惟，因此能號召出愈來愈多醫護人員、華人和本地人加入，善的效應愈廣愈大，服務就愈深愈遠。

相招成為男子漢

大大小小的腫瘤切除，是義診中常見的手術項目，大多是因延誤就醫長時間積累而成。而如同許多高生育率且禁止人工流產的地區，孩童兔唇等案例也不少。

但除了生病與缺陷病人，還有數十名活潑健康的男孩聚集來到義診現場，自動自發報名接受手術。

自動自發？這裏可不是醫美盛行的地方，那又是為何而來？

菲律賓是世界上男性割禮比例最高的國家之一，它被視為蛻變成人的重要象徵。完成割禮的男孩能被另眼相待，賦予更重大的社會期許，而他們也為成長過程所承受的皮肉痛楚感到驕傲。

在政府尚未提供補助前，鄉下貧窮人家負擔不起醫療費用，往往是由割禮師傅以扇刀或竹片進行集體割禮，從醫師的角度看來，疼痛與感染控制都是疑慮，因此早期菲律賓義診總會特地安排一個時段，為需要的男孩們割除包皮。

課桌整齊排開，男孩們陸續躺下，表情既期待又緊張。麻醉下針那一刻，有人咬牙含淚，有人哇哇哭號，嚇得在後頭等待的男孩如鳥獸散！

看這場面，我想大概開不了幾檯刀就可以收工了。但當地醫師信心滿滿地回應我：「他們一會兒都會回來，你等等就知道了！」

麻醉、消毒、鋪單、下刀、縫合、包紮，醫師們分工合作，幾分鐘內就俐落地完成男孩一生重要的里程碑。

當他們走出教室，氣勢雄赳赳氣昂昂，像打勝仗的英雄，看得那些開溜的男孩羨慕不已，紛紛回頭來報到。

這是菲律賓義診中獨特的場景。

牽你的手，陪到最後

一名女子在志工的引導下來到我面前，不需翻譯問診，每個人一眼都能看出她的困難。

密密麻麻的增生角質如鐘乳石筍又尖又硬，讓她原本清秀的臉龐變得像怒張背刺的刺蝟，眼神顯然無助而缺乏自信。

在臺灣，病毒疣的治療很普遍，很少拖延成大面積蔓延，但她經年累月未受到適當的醫療處置，導致健康皮膚持續受到刺激感染，終究生成滿臉硬棘。

局部麻醉後，切除增生角質，再將藏在皮膚深部的病毒電燒掉。治療方式並不困難，問題在她數不清的病灶密滿全臉，要如何兼顧安全有效，同時減輕病人的生理和心理的壓力，是醫師必須考量的。

我分別在她兩側眼眶下與嘴角邊各打一劑麻醉針，阻斷臉頰與下巴的感覺神經，四針就讓眼部以下暫時失去感覺，我也能專心為她做治療。

當年身強力壯，在醫院一天開刀十幾個小時也算家常便飯，但在這克難環境中彎腰歪頭手術三個小時，仍是不容易的。然而除了我與助手，有一位志工也全程融入其中，那是菲律賓分會執行長林小正。

她知道病人意識清醒，躺在硬梆梆的手術檯上接受異國醫師治療，內心會是如何忐忑，於是她伸出雙手讓病人緊握，安撫了惶恐的心，也搭起醫師和患者之間的橋梁，讓我們突破語言屏障，共同解除病痛。

面對徬徨不安的術前患者，或孩童接受全身麻醉前，總見到志工們一對一細心解說，溫柔陪伴，無微不至的關懷讓我感動，是醫護人員的堅實後盾。

不同於當時其他義診團體大多以內科和健康檢查為主，慈濟義診還能提供牙科治療與外科手術，隨著陣容漸強，還能現場割除白內障，並且做到日後的追蹤與關懷，這些關鍵都在於志工。

病人並非臨時聞風而來開刀，早在義診日前，就有先遣志工訪查會勘，找出病患、評估需求，依全身與局部麻醉安排手術日程，分科分流，使得義診期間的服務效能達到最高。

慈善起家的海外華人，何以有此信心和膽量，從起步籌辦義診就做到兼顧宏觀與細節？除了志工的慈悲信念外，當地的華人醫師功不可沒。

領頭羊呂秀泉醫師，是馬尼拉中華崇仁醫院副院長，也是頭頸部外科有名的專家，嫻熟手術室的運作，加上在醫界具號召力，遊說出許多醫護人員投入義診。

看見身材福態的他，為了配合桌子的高度限制，坐在五層塑膠椅上聚精會神的手術身影，我更體會他的影響力來自以身作則與用心陪伴。

一起開始Do something

道路上，色彩繽紛的吉普尼（Jeepney）滿載乘客，連車頂也擠成了沙丁魚罐頭，但看到外來訪客，那張張晒得黝黑的臉紛紛露齒而笑，盛情向我們打招呼。

義診後，志工引領醫護人員落戶訪視，山區部落裏，居民安住在竹編和木構的通風高腳屋，底下豢養豬、雞等牲畜，儘管物質條件簡陋，環境衛生不好，但他們總能怡然自得。

場景轉換到十多年後的獨魯萬，災難讓他們流離失所，但破碎的場面中，看見親人緊緊相依，孩童笑顏逐開，反而為感傷的我們帶來慰藉。

那些以少數資源生活著，樂天知命、胸襟開朗、不善與人爭奪的人們，卻要承受工業國家過度開發釀造的苦果，成為氣候變遷極端災害下無辜脆弱的受災者，讓人不禁懷疑，公理究竟何在？

幾次的海外義診令人反思，工業化國家的我們是否需要太多、擁有太過？是誰讓我們看到這些令人不捨的畫面？誰造成地球暖化引發極端氣候災難？誰又該為這些災害負責？答案不是別人，是人類自己。

能不能做些什麼，改變更多人的未來？

日本戰地記者山本美香，出入戰亂摧殘國家，看遍人間煉獄景象，曾在書中寫下一段生命經歷。

當時她用熱忱和血汗投入紀錄報導，卻換來無法改變苦難衝突的無奈，開始對工作感到懷疑和失去信心。

有一次，她隨著一位阿富汗難民爸爸到山丘上，看望他四歲幼兒的墳。奪去小生命的不是戰火，而是一場感冒導致的肺炎，只因難民營缺藥。「謝謝你遠道而來，我以為我們早被世人所遺忘，根本沒人知道我們的存在。」父親淚眼婆娑，卑微而激動地說著。

原來，只是被看見，他們就能感受關心和希望。

這位父親的話語重新激勵了山本女士，直到中彈身亡前，她一直用鏡頭和筆桿呼喚世人的關懷，讓看不見的地方被看見。

勿以善小而不為，人與人之間是交互影響和帶動的。義診、發放並非單向的幫助，單純善良的居民，和殷勤奔走的志工，總是帶給我們更多啟發與反省。

儘管臨床工作確實忙碌，但在一九九八年第二次參與菲律賓義診後，我開始邀約外科部同仁一起走入花蓮社區、校園做衛教，彌補後山醫療資源與衛生觀念的不足。

縱然短時間內無法帶來全面、系統性改變，但總要開始「Do

something」。這無形中開啟了慈院早期下鄉衛教的模式，後來在大林、臺中，更成為一種常態與風氣。

而珍惜資源、保護環境、勸素推素，是氣候變遷下人人都應該負起的責任，也是至今到往後，我會盡心盡力去落實和推動的事。

沒有理由悲觀

海燕風災四年後，我前往菲律賓參加外科醫學會，同時應邀為當地牙醫師們演講。同場分享的，還有菲律賓的師兄師姊們。

慈濟援建災區信仰中心的教堂、興建組合屋與組合教室、提供居民職業訓練，長期陪伴災區復建，帶動出大量居民投入社區互助的志工行為，在數年後仍不斷發酵和增長。

菲律賓天然災害頻繁，但曾經受災的居民，在受助過程被啟發了愛心，成為往後慈濟救災的中流砥柱，點滴蛻變令人振奮。

獨魯萬只是其中縮影，在奧莫克（Ormoc）、馬利僅那（Marikina）和許多鄉村、都市裏，都有著因受助而成為助人者的志工身影。

有些人對海外義診的意義感到悲觀，認為缺少追蹤的一次性醫療，有可能留下遺憾甚至傷害。

慈濟醫療中有慈善的本懷，而慈善中能融入醫療的智慧，慈悲與智慧相輔相成，長期追蹤下，使得義診的局限性得以突破，能做得更深，陪伴得更遠。

緊急救難是一個引子，而非短期任務的結束，背後有一個世人看不見，卻持續不斷的過程，為一次次的救災累積經驗，形成未來更豐富的策略方針和應變能力，影響力超乎想像的深遠。

菲律賓的國名，源自於十六世紀西班牙殖民國王腓力二世（Felipe II）之名。多數國家獨立後，總急於擺脫殖民主權國的影子，但菲律賓人並沒有選擇對立，由此更能體會他們的單純和善良。

這樣單純的民族，在受到幫助、重新站起後，更願意積極回饋，照顧其他人，力量不大，卻涓滴清純。

探索小乾坤

色彩的祕密

菲律賓慈濟義診在團隊長年積極投入下，發展出幾個強大的特色專科，眼科是其中之一，每一次義診可以為數百名眼科患者動手術；設置於馬尼拉的慈濟義診中心，還有全菲最先進的眼科手術室，幫助無數貧窮患者重見光明。

人們稱眼睛為靈魂之窗，也有人說，人類是視覺的動物，因為人體透過視覺、聽覺、嗅覺、味覺、觸覺等感官系統所接收的訊息中，視覺就占了百分之八十，眼睛的重要不言可喻，需要我們好好愛護。

眼球的構造與相機相似，角膜和水晶體好比鏡頭，瞳孔則如光圈，眼球底部的視網膜則像是底片。但厚度大約零點二毫米的視網膜，卻是由十層組織所構成，裏頭密布神經節細胞和視細胞，遠比相機還複雜。

光線經由角膜折射後，會通過瞳孔調節進入眼球的光量，但還需視網膜上的視細胞調節光感度與明暗後，才能完整成像。

視細胞有兩種：視錐細胞可以在明亮的光線中分析色彩，視桿細胞則能在微弱光線識別陰影結構。

好，問題來了，肉眼所見的世界色彩繽紛，那麼眼球裏哪一種視細胞數量較多？

答案是視桿細胞。

一個眼球裏有七百萬個視錐細胞，但視桿細胞高達一億三千萬個。箇中理由得回到遠古人類的生存環境來說明，夜晚大地上危機四伏，必須對暗處的環境變化保有警戒的能力，是生存演化所造就。

而我們所看到的世界萬紫千紅，但其實視錐細胞只對三種顏色敏感，分別是紅、藍、綠三原色。眼睛所見的色彩，是視錐細胞捕捉到的紅光、藍光、綠光，依不同比例疊加與削減，經由視神經傳遞給大腦所辨識。

隨著光電設備的發明，我們愈來愈重視色彩的豐富性，不過人體的構造提醒我們反思，陰影下的層次感，有時能傳遞出更多情感和訊息，也值得我們來關心。

自己做到　才能要求別人
身體力行　以身作則　才能得到真正的認同與尊重

‧印尼 Indonesia‧東南亞

紅溪河上賽龍舟

鼓聲響亮，人聲鼎沸，我坐在閃著金光的龍舟上，奮力操槳加速前行。紅溪河（Kali Angke）畔萬人空巷，男女老幼擠在堤岸上，或坐或站或設法踩腳墊高，深怕錯過每一個精彩的瞬間。每一張黝黑的臉上都露出潔白的牙齒，個個裂嘴燦笑，現場歡聲雷動。

在印尼雅加達（Jakarta）參加龍舟競賽，應該是很少人有過的體驗，而我所屬的隊伍選手，不但來自臺灣的北、中、南、東的醫師，還包括了印尼與星馬等各國，可以說是絕無僅有。

此時的紅溪河，說不上風景秀麗、碧波萬頃，相反的還有些許濁黃與異味，卻是她睽違數十年來難得的清淨面容，在朝陽的照耀下，粼粼水光也有幾分風情。

原本說好比賽中閉不張口，奈何由當地居民組成的對手實力強勁，我們只能拚命追趕，過程中還是忘情激動地吞了幾口水，還好，味道沒有想像中的糟。

賽後在一片歡呼聲中，抱著獎盃的我被熱情的啦啦隊高高舉起，我們贏得了亞軍！不過，參賽隊伍只有兩支。

從兩岸的人山人海和歡聲雷動中，感受到居民和志工對這場活動的熱情與盼望，我們仍無比盡興與榮幸。

二〇〇四年八月，我流著熱汗，在激越的水花中參與了這歷史的一刻；見證一群人，改變了一條河流、一座城市、數個世代的居民命運，緩和了兩個族群由來已久的歧見與對立，而這些源頭都來自清淨的一念心。

見證一條河流的蛻變

若不是因為二〇〇二年元月豪雨導致的嚴重水患，身為外國人的我們，很難注意到這條河流的真實面貌。

談起印尼首都雅加達，人們會想到荷蘭殖民時期香料貿易繁盛的巴達維亞（Batavia）、當今東南亞的第一大城、印尼獨特的民族風貌、美妙的傳統音樂與舞蹈；很難聯想到住在水上的貧民窟，和漆黑水中漂浮著大量廢棄物的惡臭河流。

工商繁榮的雅加達，每年吸引二、三十萬外地貧民湧入討生活，但都市居大不易，許多人選擇在紅溪河畔搭木架草棚而居，漸漸形成擁擠而龐大的貧民窟，與不遠處的摩登大廈和高級住宅社區遙遙對望。

從汲取飲水到排泄穢物，居民日常與這條河流息息相關，但縱使河流的包容力再大，也消化不了與日俱增的人口和垃圾，被稱為「雅加達黑色心臟」的紅溪河幾乎成了死水一攤，像城市裏頭「金包銀」的大膿瘡，政府一籌莫展，更別說民間團體和一般居民，縱使有心也無力正本清源。

雅加達地勢低窪，大雨若逢大潮，容易海水倒灌，而本就蜿蜒的紅溪河，竟有八成河面被密密麻麻的高腳屋侵占，人們將河流當成垃圾場，廢棄物從上游順流而下，更寫下了河口村落逢雨即淹的必然。

這次豪雨水患不只苦了河畔貧民，更波及了雅加達鬧區，揭露出這座城市積久難治的痛點。

印尼慈濟志工為受災居民發放物資應急，然而一個月過去，低窪村落仍泡在汙水裏，一般人或許只能莫可奈何雙手一攤，慈濟志工與當地華商卻兼程來臺，探尋根本解決之道。

證嚴上人提出抽水、清掃、消毒、義診、建屋「五管齊下」的改善方案，慈濟人旋即串聯志工、募集企業、結合政府軍警之力，不到一年就啟用千戶大愛屋，貧民遷村，河流整治，未曾動用臺灣資源。

對印尼慈濟和雅加達而言，這是大破大立的一年，由民間提出解決方案，企業家積極投入，政府全力支持，人民隨之被帶動，改變了沈痾難解的社會問題。

整治尚未完全，省長就迫不及待希望慈濟能舉辦龍舟賽。我們所參與的不是第一場比賽，也不是最後一場，每個人都盼著她愈來愈美麗。

串起改變生命的力量

「Terima Kasih（印尼語：感謝）！」

病人接連講著印尼語，我無法正確理解他的語言內容，但從感動的眼神含著深深的悸動，我幾乎能完全讀懂他的心情。

他手掌上的腫瘤比一顆大貢丸還大，時間顯然拖很久了，嚴重影響日常生活，腫瘤長在拇指基部，使得抓握功能受到阻礙，工作極不順手。

在局部麻醉之下，我將腫瘤組織仔細剝離，重要的血管和神經則分毫未動，免於後續發生感染和癒合不良的情形。

不到一個小時的手術後，病人立刻活動大拇指，體驗睽違十多年的輕鬆感，豎起那層層包紮的超大姆指，對慈濟醫療人員嘖嘖稱奇，感激不已。

另一位患者背部駝著一顆人頭大小的神經纖維瘤，多年來不識平躺的滋味，我們同樣在局部麻醉之下將腫瘤移除，參與手術的團隊成員也感到神乎其技。

臨時設置的義診環境與醫院相差甚遠，手術功夫和應變能力，需要平時的扎實訓練和經驗累積。《大學》裏有一句話：「物有本末，事有終始，知所先後，則近道矣。」掌握細節，步步踏實，從病人的生理與心理狀況做考量，是最精準簡潔的道路。

然而成功的手術並非得力於單一英雄，麻醉醫師、手術助手、布建環境設施的志工團隊，缺一不可。

印尼是千島之國，城鄉差異懸殊，離島居民的醫療可近性極低，然而即使偏鄉有不少重症及需要手術的患者，也非醫療團下鄉就能滿足需求，村落之間的交通困難就設下了第一道屏障，還有不少人對手術存在恐懼感，若非危及生命，寧可與病痛共舞。

有苦的人走不出來，有福的人就走進去。義診前，志工進入村落宣導、評估，為居民安排交通運輸，還為需要過夜觀察的患者，規畫了專屬的恢復室與家屬休息室，由值班醫護和志工悉心守護。

所有的設備和用品，包括醫師身上的手術服，都有慈濟蓮花標誌，說明了眼前所使用的點滴資源，都來自印尼慈濟人用心募集的各方善心。

在家屬休息室，我注意到一批顏色與款式不同的毛毯，角落標籤繡著「CHINA AIR LINE（中華航空）」幾個字，引發我的好奇。原來是航空業者定期汰舊的二手物品，認同印尼慈濟的善舉，捐贈物資讓善力延續。

福田一方邀天下善士，做好事不只局限於少數人，許多企業家受志工之邀來現場協助義診，當他們抱起一個個未來因此而改變的孩子，牽起一雙雙解脫病痛束縛的手，自己的心也被一股暖流所圍繞。

更多有心人因了解而投入，就能有更多苦難的生命得到改變。

擁抱蒼生的溫柔

一把抱起剛完成兔唇手術的男孩，麻醉還未甦醒，他軟綿綿地躺在我懷中，那是生命的重量，也是希望的重量，近二十年來我無法忘記。

在我三十多年的海外義診經驗中，印尼有很多獨特性。從一九九九年第一次參與印尼義診，光是醫療服務就去了六次；二〇〇六年之後，參與當地義診的機會少了，卻由此見證印尼人醫會從學步到獨立的成長過程。

起初，外科手術需要的電燒設備都付之闕如，如今，印尼慈濟人醫團隊不但有完備的野戰醫療能力，為貧民而生的大愛義診中心升格成綜合醫院後，幾年內就在當地醫院評鑑獲得高度評價。

很快地，一座硬體規模與軟體服務水平更高的海外慈濟醫院已在當地啟用，成為雅加達的後送醫院，難症、重症患者不再需要遠赴他國尋求希望，點點滴滴都能感受到印尼慈濟人的魄力和承擔。

這樣的印尼慈濟，是從一群女性志工開始做起的。一念誠心，牽引出各行各業有愛心更有行動力的人加入。

富商巨賈、平凡主婦，甚至曾經受助而脫離貧困成為志工的大愛村民，穿著一樣的志工服，他們珍惜因緣，腳踏實地耕耘，移植臺灣志業發展模式，用心交流學習、消化吸收後，成就印尼特色的四大志業體。

而這個巨大的翻轉，在短短二十年內發生。

第一次踏上印尼，也是我首度與林俊龍執行長同赴海外義診。

一九九五年，他卸下在美國積累二十五年的身分地位和富裕生活，到臺灣後山幫忙提升東部醫療水平，承擔花蓮慈院副院長。

當時只知道他帶著美國最先進的心導管技術而來，臨床上視病如親，但對於他的領導風格還無深刻印象。

結束義診返回桃園機場，發現預定接送的車輛還未到達，他請同行的醫護團員在旁休息等候，自己跑去查看車輛。一個小動作，讓當時的我體驗到不同於以往的領導者的風範。

小醫師的養成路上，對上級醫師向來只有唯命是從的份，忙於臨床醫療之外，跑腿打雜也是理所當然，自己也習慣被當成機器人呼來喚去，不可能讓資深醫師為年輕醫師服務。

但眼前這位醫界前輩、院內高層，卻身先士卒，事必躬親，尊重每一位同仁，這對我產生了很大的影響，唯有自己做到，才能要求別人，身體力行，以身作則，才能得到真正的認同與尊重。

論語裏有一段師徒對話，子路請示孔子為政之道，孔子回答他：「先之勞之」又接著說：「無倦」（註1）。身先士卒，做在人民之前，且做出典範，帶動大家一起力行，殷勤不倦怠，社會、人心就會不斷進步。

蓋自己想住的家園

二〇〇三年七月，在金卡蓮（Cengkareng）慈濟大愛一村入厝及中小學啟用典禮上，我們與各國使節同坐在帳棚下，看見眼前一袋袋印著「LOVE FROM TAIWAN」的臺灣白米，眼角突然一陣溼熱。

經歷過艱辛歲月的臺灣，也曾接受來自不同國家的官方和民間援助，如今已然轉變為愛心輸出地，透過全球慈濟人的付出，將臺灣之愛灑在我們意想不到的角落。

印尼貧窮人口多，曾是聯合國農糧署評定的低收入缺糧國家，二〇〇三年，慈濟展開大米發放人道援助計畫，發放由臺灣農委會提供的食米給印尼貧民。

「一粒米中藏日月，半升鍋裏煮山河」，想起慈濟在克難中起家，常住師父生活艱困，不接受供養，還堅持濟助貧病之人，所發放的米，粒粒蘊含日月天地的滋養，飽藏慈悲與智慧，此刻我在印尼，將這分真純的臺灣愛送出，內心湧出深刻的感動。

大愛村土地由政府撥出，慈濟負責規畫與籌建，為了同步整治河川，高腳屋拆遷的過渡期，志工一一訪視，為貧民提供臨時租金，拆遷過程平和而順利。

隨著大愛村的落成，他們不再是漂浮於河上的貧民，而像是即將入住高級社區的主人，未來的世代將在此安身立命，安居樂業；不但對遷居的貧民來說是不可思議的盛典，也是印尼首都的大事，典禮上，總統希望慈濟模式能成為典範，帶動更多慈善團體和民間力量起而效尤。

大愛村的規畫極為人性，考量居民的健康，設置義診中心；為改變孩

註1：原文出自《論語》子路篇（一）子路問政。子曰：「先之，勞之。」請益，曰：「無倦。」

子的未來，建構教育系統；顧及貧民的營生能力，規畫職訓中心和工廠；村裏的資源回收站，要負起環境教育的任務；而尊重居民的信仰和習俗，連禮拜堂和往生淨身室都細膩設置進去了。

我扛起白米，陪同居民從發放廣場走上西瓜棟四樓的新家，喜悅的心情就像是自己新居入厝一樣。村裏每一棟樓房有自己專屬的英文字母和水果標示，這是為文盲居民而考量的貼心設計。

大計畫的背後，需要結合龐大而複雜的力量，上人輕輕期勉志工「蓋一個你我都想住的家」，他們用心克服，真誠落實，對比過去那混亂不堪的黑色水患，眼前的一磚一瓦真的都在發亮。

想起曾經走訪的菲律賓天堂村，名為天堂，實際卻是擁擠髒亂的貧民窟，當我看見在地上玩水的小孩將汙水往嘴裏送時，心酸與感慨緊隨著驚訝而來，若沒有人伸出關懷的手，他們的未來不知在何方。

過去的紅溪河也是如此令人無計可施，而今在一旁踢足球的孩子身上，看見飛揚的青春，看見燦爛的未來，看見數以千計家庭的轉捩點，看見一整個世代的夢想啟航，看見社會無痛卻成功的改革。

他們還會穿上和臺灣慈濟學校一樣的制服，儀表一樣整潔端莊，惹人喜愛與尊重。原來，「知足、感恩、善解、包容」只要能踏實做到，就能產生大力量。

人與人之間觀念、習慣、養成背景各不相同，自心能先懂得知足，隨遇而安，凡事心存感恩，對人就比較能以善意尊重理解，用開闊的心包容一切，不但能化解紛爭，廣結善緣，也能成就人間大事。

用愛寫出新歷史

看著眼前和諧景象，上人法相與穆斯林長老並立，熱淚再度溢出眼眶，讓人難以想像的是，志工的慈悲腳印，是在印尼人激烈排華的年代開始深深烙下。

一九九八年五月，印尼排華大暴動的景象驚駭了世人，華人商場、社區遭到洗劫與燒毀，難以計數的華人被暴行傷害，紛紛遠離避難，上人勉勵慈濟人「取之當地、用之當地」，用愛消弭仇恨。

華人自數百年前開始陸續遷居東南亞，對印尼人來說是外來人口，但因工作勤奮，善於經商營利而致富，反觀印尼人卻始終貧窮，只能淪為雇傭，卻未能得到彼此的尊重，一直以來種族衝突事件層出不窮。

時間回推到三百年前，荷蘭殖民當局就曾為了掌控經貿利益而製造種族紛爭，上萬名華人遭到屠殺，血水染紅了河流，紅溪之名由此而來。

以華人為主的慈濟志工，面對居民的排斥、不信任，依然願意理解居民的處境，積極濟貧教富，現今大愛學校接軌國際，印尼語、英語、華語教材相輔相成，這在過去都是難以想像的事。

晚上回到旅館，打開電視螢幕，竟看到自己主持的《大愛醫生館》節目正在播映，螢幕右上角有著與臺灣一樣的大愛電視浮水印，但特別的是，內容全是印尼語發音。

志工發心做到「苦既拔矣，復為說法」，讓居民心靈富足，印尼大愛電視臺同樣為淨化人心而生，見證了只要有心，沒有做不到的事情，眾志能成城，志工也能安邦定國，改變社會。

日惹強震即刻救援

二〇〇六年五月三十一日端午節，晚間八點抵達日惹（Yogyakarta）後，我帶著醫療同仁直奔當地醫院開刀房，將運來的物資拆箱、組裝，在與當地醫師溝通取得共識後，當機立斷加入醫療救援，直到隔天凌晨三點，才將手術室的燈熄滅。

印尼中爪哇（Jawa Tengah）地區在二十七日發生強烈地震，造成逾六千人喪生，重傷者數以萬計，居民亟需醫療援助。

地震當天，印尼慈濟人搶進重災區勘災，與政府部門確認緊急救難需求後，慈濟跨國醫療團啟動整備。

我不假思索決定加入，也囑咐骨科夥伴帶上手搖骨鑽等基本配備，以隨時因應災後缺電的情形。

在災區為傷患進行手術，這是慈濟賑災醫療史上頭一遭，也見證著慈濟災難醫療應變能力的成熟。

六月一日一早，醫療團兵分三路，兩組骨、外科團隊分別進入當地兩家醫院協助開刀，另一組人則與星馬醫師進入災區提供巡迴醫療服務。

許多國家救難團體也來到日惹，但因設備不足而無法進行手術，只能做簡單的外傷處理與內科治療。

一切要感恩印尼慈濟人長期耕耘所打下的基礎，軍方很快整理出閒置的手術室，由當地麻醉醫師配合慈濟醫療團，救治大量需要手術的患者，讓緊急醫療的功能發揮到淋漓盡致。

印尼志工早已將麻醉機和手術器材運往當地，現場發現骨鑽不足，也很快就完成添購——五金百貨賣場的電鑽，經過清潔消毒後，功能與醫療電鑽一模一樣，省錢好用又及時可得。

醫院受損嚴重，到處可見殘破的磚瓦和水泥塊，所幸主體結構完整，仍能發揮庇護傷患的功能。

災後多日，醫院依舊人滿為患，帳棚下、走廊上，躺滿了無助的傷患和家屬，骨折部位只用紙板簡單固定而已，有些患者肢體骨折成令人匪夷所思的角度，讓人極為不忍。

天空很藍，氣溫很高，傷患受傷部位悶熱腫脹不已，有些動彈不得的病人更是躺出了褥瘡。患者痛楚的表情與家屬憂心無助的眼神交相呼應，我們恨不得能馬上解決掉他們的痛。

時間拖延愈久，對病人就愈不利，甚至可能造成肢體傷殘，留下一輩子的陰霾，只有儘快手術，才能解除他們當下與未來的傷害。

幾位醫師就著豔陽判讀X光片，積極討論著傷患的優先處理順序，團隊合心協力、分秒必爭的積極，至今想來依舊悸動。

看見我們這些外國醫師，家屬們彷彿在茫茫苦海中看到燈塔，一位男士跑來向我們求助，結果卻令彼此都有些失望。

受傷的中年婦女因脊椎骨折，四肢已然癱瘓，即使現場有多位骨科菁英醫師，但精密設備不足，勉強手術也無法挽回脊髓損傷的事實，讓人感慨天災之下生命的渺小與無奈。

災後雖有遺憾，但看到更多的是傷肢得到及時復位固定的傷患，由於印尼慈濟人與當地政府長期建立的默契和信任，讓我們能即時投入救助，幫助需要的患者。在日後的許多國際災難中，都看到印尼分會與當地政府密切配合，即時展開跨國救災。

用感動填滿人生行囊

十三歲的少女上臂嚴重骨折，深鎖著眉頭與我們相視，痛得無力說話。我來到病床旁告知她準備手術，她因害怕開刀而神情憂愁，一旁的父母幫忙勸說，心疼不捨寫滿臉上。

但隔天換藥時，女孩露出了開朗的笑容，傷口恢復得很好，疼痛情況大幅改善，父母也跟著卸下心中的巨石。母親不能親吻我們，只能不斷親吻女兒，並說出她心中的感動！

看到病榻旁，他們一家和樂的景象，彷彿地震的創傷已拋在腦後，我們更確信了災難醫療的價值。

災難讓人痛心，但在痛苦過後所獲得無私的愛，讓印尼民眾有重生的勇氣與希望。

一年後，慈濟醫療團重返日惹，為震災手術的傷患移除固定的鋼板、骨釘，讓未來的活動更舒適。手術費用昂貴，若沒有這次義診，多數傷患不可能花錢開刀取出鋼釘。

這次我雖未同行，但從影像看見癒合情況良好，傷患重返工作崗位的身影，內心也同感喜悅，欣慰當初在緊急之中，慈濟仍提供了高水平的醫療，讓患者今日能行動如常。

日惹擁有馳名的世界文化遺產婆羅浮屠（Borobudur），這座興建於西元九世紀的恢弘古蹟，至今仍是世上規模最大單體佛寺建築，每一寸牆上都訴說著佛教大千世界的經典故事，與柬埔寨的吳哥窟同被公認為古代東方四大奇蹟之一。

海外義診行程緊湊，沒有餘暇觀光攬勝，吳哥、婆羅浮屠或是其他古蹟，都只是一個名詞，咫尺天涯，從來無緣造訪。

有些人或許會為此感到遺憾，但對我來說，每一次義診、賑災，總是收穫滿行囊，從來都感到不虛此行。那些人與人之間溫暖真誠的互動，才是人生當中最美、最感動、最值得珍惜的記憶。

微生物無所不在

受到各種清潔殺菌產品廣告的影響，不少人以為細菌萬惡不赦，一定要滅之而後快，地板清潔殺菌、洗衣要殺菌、沐浴用品要殺菌，似乎要生存在無菌空間才安全。

其實環境中細菌無處不在，但百分之九十八的細菌對人體無害，甚至有益。最新的科學研究顯示，人體內平均有超過三十兆個細胞，然而我們每個人從頭到腳都被細菌包圍著，皮膚、口、鼻、腸胃和陰道等，細菌的數量加起來與全身細胞數量相當，可以說是人體免疫系統不可或缺的訓練員，與人類互利共生。

腸道裏可以找到上百種細菌，有益菌也有壞菌，益菌很重要，可以抑制壞菌增生，還能促進人體必需的維生素B的合成，對維持人體健康非常重要。與其一竿子打翻所有細菌，與微生物誓不兩立，其實更應該學習和平共處。

現代父母過度保護幼兒健康，孩子在三歲前，體內免疫系統發育尚未完全，若讓身體沒有機會接觸微生物，長大後反而容易成為過敏體質，因為免疫系統會將無法辨識微生物是敵是友而四面楚歌。環境過度清潔，未必對寶寶的健康有利。

人類身上具有各種病菌防禦機轉，淚液、汗液與唾液，也都具有殺菌成分。但大量流汗而未清潔，或是鼻淚管阻塞導致淚液聚積時間過長，反而會成為細菌的溫床，所以要養成適當的清潔習慣。

實驗證實，酒精不能取代肥皂洗手。用肥皂正確洗手，就能有效去除手上大部分的致病菌，降低百分之四十四腹瀉罹病率，並能有效預防腸道及呼吸道傳染病，但洗手後務必將手擦乾。

臺灣媒體經常以馬桶為骯髒的代名詞，三不五時警告民眾：智慧手機螢幕比馬桶髒三十倍、辦公室桌面比馬桶座墊髒四百倍、砧板比馬桶髒兩百倍……養成良好的衛生習慣當然很重要，但是讓馬桶蒙上不白之冤，也不盡公平。畢竟馬桶只是個坐墊，而不是骯髒的代名詞。

科學實驗發現，正常使用的馬桶蓋上，每平方公分大約一百隻細菌（沙門氏菌吃進肚子裏，大約要一萬到一千萬隻才會致病）；健身房跑步機的把手，一平方公分大約二十萬隻細菌；我們腋下呢？每一平方公分有一百萬隻細菌，比馬桶蓋多一萬倍。

最後這個數字最驚人，廚房裏的菜瓜布，每一立方公分大約四百五十億隻菌，一塊菜瓜布就有一兆隻菌！因為潮溼、食物殘渣，都為細菌提供了最好的環境，因此抹布、菜瓜布使用後，務必清洗乾淨並在通風處晾乾，也要勤於更換，才不會變成細菌的溫床。

唯有集體的慈悲與智慧　才能對治集體的殘酷與瘋狂

柬埔寨 Cambodia・東南亞

在傷心地找回愛

赤棉來了。沒有人知道家鄉將面臨慘絕人寰的景況，只是內戰打了幾年，社會動盪，傳聞美軍要轟炸金邊，總之帶著最精簡的行囊出城，快，就對了，很快可以再回來的。

人們期待幾天之後的歸返，社會可以歸於安定，倉皇走避鄉村，卻不知再也回不去了；往後四年，逾兩百萬人死於非命，其中多數人並非死於槍彈之下，是遭受凌遲、坑葬、飢餓而亡。

東方小巴黎金邊變成了二十世紀最驚駭的戰場之一，而這段悲痛的真實歷史，距今只有四十多年。

曾獲多項奧斯卡獎項的電影《殺戮戰場》，以波布（Pol Pot）政權統治柬埔寨為背景的故事，引發世人的悲鳴和關心。

電影中一幕幕恐怖景象歷歷在前，骸骨堆積如山的萬人塚畫面令人不寒而慄，但在柬埔寨，聽聞受難者遺屬敘述那切膚之痛後，才知道一切對存活的人們來說，是多麼不堪與殘忍。

二〇一九年三月，八國慈濟人醫會志工組成的義診團隊來到柬埔寨，這是我第二次踏上這裏，慈濟法國聯絡處副負責人鄭龍師兄，也特地飛來與大家相伴。

過去與鄭龍師兄有過幾面之緣，知道他在歐洲是很發心承擔的志工，也參與一些國際賑災工作，但今日才知道，出身柬埔寨的他，也經歷過這段家破人亡的苦痛，父母在逃亡中途蒙難，有些姊妹逃往越南，他則以難民身分流亡法國，青春歲月傷痕累累。

看著他回想至親際遇時的泣不成聲，內心不禁也陣陣悲切與痛楚，對於血腥政權釀成生靈塗炭的人間巨禍，感到無語問蒼天。

如今的他，不只一次重回那曾經不堪回首的傷心地，要盡自己的一分力量為故土居民付出，行動已然是出於佛法與慈悲。從他身上，看到人性單純善良的面貌。

戰國秦王曾說：「天子之怒，伏屍百萬，流血千里。」人類文明不斷進步，但即使在近代與現代的歷史上，仍不斷發生人為造作的戰爭浩劫。一個人失去理智，可能會煽動一群人心念共振，最後變成集體的殘酷。人類不能忘記歷史的教訓，人性善惡雜揉，其實是需要馴服的。

要如何對治那集體的殘酷和歇斯底里，避免走向極端？我想，必須要凝聚集體的慈悲與智慧。

滋養眾生的臺灣米

慈濟與柬埔寨緣牽於一九九四年，曾赴當地援助因洪澇與乾旱而受災的居民。第一次柬國賑災，政府還出動坦克車為勘災團做前導，因為複雜的國內、外勢力糾葛雖日漸平復，柬埔寨卻成為世界上地雷最多的國家之一，志工在戰戰兢兢中展開賑濟。

後來雖有中長期援助計畫，卻又因政變、局勢不穩而中斷，直到二〇一一年，才因實業家的發心而再度續緣。

曾經受盡磨難的柬埔寨，步履蹣跚地在國際舞臺追求成長與進步，在這裏，我確實看到了未來的希望。

從下飛機入關開始，柬埔寨慈濟聯絡點負責人謝明勳和胡美玲這對夫妻檔，就為大家帶來許多感動。

前來關懷的地方官員、不同國度的志工團隊、四面八方的鄉親，無一不需要關照，但他們引領的志工團隊朝氣十足地招呼每一個人，誠摯的態度和投入的活力，讓人如沐春風。

第一次去到當地，只知道他們的辦公室就是聯絡點，背後也有許多熱心臺商的捐助；兩年後再到柬埔寨，慈濟會所已經搬遷新址，他們賣地、買地、捐地給慈濟，希望能凝聚出更大的影響力，照顧到更多當地人。

會所空間平時也提供課輔，讓學生可以來自修、共學；而失學的孩子，也有人協助指導課業，讓他們接續受教育的管道。在這艱難的國度裏，志工行善的毅力，讓人由衷尊敬。

兩部巨大的貨車，堆疊滿滿的臺灣大米，成千上百的民眾聚集在廣場，發放現場卻秩序井然，相信除了人民本身的純樸良善外，有一群工作人員在背後下足了苦功。

交通運輸、需求訪查、資源調度、動線規畫、宣導引導、安全維護，點點滴滴，都順利運行，小小海外志工團隊的精實力量，令人刮目相看。

在多數的大型集會、發放場合，參加的民眾是站在臺下，而貴賓坐在臺前，但柬埔寨的現場很獨特，成千上百的民眾安穩地坐在志工用心排列的椅子上，政府官員一演說就長達四十分鐘，各界貴賓全都一同站著，我想這是一種對鄉親尊重的表達。

我致詞向來簡短，精簡扼要地表達證嚴上人和全球慈濟的關心——大米的營養，除了能供應民眾健康的需求，更重要的，它含有獨特的愛與關懷的成分，這是全世界，尤其來自臺灣的祝福，滋養效果一定會更好。

當地民眾普遍缺糧，每一戶發放四十公斤大米。志工們都想幫忙鄉親分擔重量，熱心協助搬運物資到他們的交通工具旁，原本是來維護秩序的皇家憲兵隊，也主動加入幫忙。

我扛過很多次大米，但一次扛兩袋四十公斤，是未曾有過的經驗，也跟著大家一起躍躍欲試。當志工把兩包大米往我肩上堆疊，膝關節變得又硬又緊，原來兩袋米是這麼沈，走個幾十公尺就氣喘如牛了。

沈甸甸的大米，是滿滿的臺灣愛。珍貴的大米，可以餵飽餓肚子的鄉親，更能膚慰彼此的心，牽起長長的情。

耕天下福田

義診團隊來自八個國家，其中成員最多的是新加坡。柬埔寨慈濟能有今日的動能，新加坡分會發揮了至關重要的良能。

新加坡面積不及雙北市大小，種族多元，富裕繁榮，但志工們仍積極開發民眾的愛心，照顧國內弱勢之餘，也不斷開闢更廣大的福田，義診足跡很早就跨到海峽另一端的印尼巴淡島（Batam）；這些年，他們一次又一次往柬埔寨送愛。

此行，他們還募集了大批輔具和醫療物資，捐贈給當地醫療單位，又現場準備上千副眼鏡，直接改善居民的視力問題。

志工團隊功能完整，醫療物資和藥品依科別套組打包，適應不同的場地需求，空間布置都能精確到位，新加坡人醫會展現出堅強的野戰醫療實力。臨場給予建議時，他們也能彈性整合與調整，形成更好的作業流程，在在讓人看到體現在團隊中的感恩、尊重、愛。

互動中，更感受到他們堅定的執行力底下，有著柔軟深切的「想師之情」。有一段時間，身體違和的上人未能主持每日晨語開示，讓海外志工甚為牽念，談及日前回花蓮看見上人恢復體能狀況，感動得哽咽落淚。

在柬埔寨，一位新加坡醫師思念臺灣證嚴上人的眼淚，更讓人對海外志工的用心感到動容。

令我感動的還有幾年前與新加坡醫師們牽起的緣。當時應新加坡分會的邀請，在一場牙科醫師的研習會中，分享慈濟環保與醫療人文。這次義診中，有六位當時在臺下當聽眾的牙醫師，化感動為行動，如今一起來到柬埔寨付出。

牙科是慈濟人醫會在國際義診的一大特色，歷經多代志工研發改良，電機設備和診療床能快速拆裝，在水電和總務志工的專業應變下，野地也能提供不輸醫療院所的診療項目，讓來觀摩的柬埔寨年輕醫師大開眼界。

花蓮慈院李彝邦醫師從牙科診間轉來一位病人，由於口腔裏長了一顆腫瘤，卡在舌根旁，對咀嚼和說話都造成很大的困擾。

開刀移除很容易，但沒有適合的電燒設備，止血是需要顧慮的問題。然而考慮腫瘤對病人的影響，他也幾乎不可能上醫院治療，我決定幫他進行手術。

以最少的破壞、最短的時間切除，雖然花了一些時間止血，但效果非常好，後續又能請他再回到牙科診間，一次處理掉困擾許久的口腔問題，不只病人滿意，對醫師們來說，也是特別的合作經驗。

搭起跨國友誼橋梁

一位病人脖子上長了腫瘤，需要外科手術來切除。這是一顆並未侵犯體內器官和周遭組織的囊腫，雖然體積不算小，但對外科醫師而言，手術本身並不是太困難。只是受限於電燒止血設備不好，擔心傷及周邊組織與止血不易，柬埔寨醫師評估過後，認為需要轉往後送醫院做治療。

當時是在柬埔寨總理青年志願醫師協會（簡稱TYDA）的義診主場，慈濟醫護人員應邀觀摩彼此舉辦的義診。

TYDA由四千多名柬埔寨醫護人員所組成，每個月巡迴柬埔寨各省舉辦義診，衛教、健康檢查、看診之外，也能做一些簡單的外科手術，對醫療資源和衛生觀念不足的民眾來說，幫助很大。

在東南亞國家的偏鄉義診，各類腫瘤病人很普遍，雖然現場設施簡陋，但只要不是危及生命或有預後疑慮的個案，憑藉著過去的臨床經驗，我有信心可以現場應變，便向柬埔寨醫師表達協助的意願。

局部麻醉注射後，病人很快失去神經知覺，接著只要精準下刀，不但不會傷及周邊組織，出血量也能降到最低，一旦發現出血點，就立刻夾緊、結紮，從容不迫地切除病人多年的心頭患。

高雄人醫會葉添浩醫師，和我是國際賑災的老戰友，十多年來，我們一同出入巴基斯坦、尼泊爾、柬埔寨和許多國家，能很快適應各種克難環境，當發現其他醫師有些狀況時，都能即時支援協助，讓手術順利完成。我們也習慣集中火力為病人動手術，常常下午兩、三點才吃午餐。

海外義診雖不像醫院裏有完整的次專科分工，但資深醫師帶年輕醫師、野戰醫療老手支援義診新生，便能完成很多特殊任務，同時做到醫療傳承。不論是軟硬體的周全度、專業技術的純熟度，還是對病人的親切尊重度，這一次的交流，讓柬埔寨醫師印象深刻，為後來的合作建立很好的基礎。

往後雙方簽訂合作備忘錄，共同舉辦義診、整合資源照顧重症病人，柬埔寨方面也推薦醫護人員來臺灣慈濟醫療志業體進修，加上慈濟慈善資源的挹注，期盼當地愛心量能像湧泉一樣汩汩流出，潤澤更多需要的人。

小破壞換來大療癒

眼前的男孩有十五歲了，我怎麼看都感到疑惑，因為他體格瘦得像是七、八歲的孩童。他臉色蒼白，面無表情，只是走路一跛一跛，看起來十分吃力；而一旁的媽媽就顯得焦慮了，擔心兒子罹患重病，家裏再也無力負擔醫藥費。

原來是腹股溝皮下股出了很大一團接近拳頭大小的膿包，這肯定非常疼痛，讓他舉步維艱。

請他躺上手術檯，放鬆身體，緩緩呼吸，從注射麻藥到治療結束，他卻一個吭氣也沒有，堅強地忍耐著皮肉之痛。見證柬埔寨人從辛苦的生活中淬煉出忍耐力，內心卻隱隱感到不捨。

手術刀劃破了皮膚，頓時有不知幾十西西的膿液洩出，畫面非常震撼。引流清創後，再給予抗生素治療，男孩立刻從疼痛中被解放，步態輕快，和來時截然不同。

雖是局部感染造成的簡單病灶，但對貧窮缺醫的人家來說，小毛病卻可能折磨得要命。如果沒有這次義診即時治療，他顯然還會再痛下去，直到膿包脹破才能卸除，而那時，不知又要面臨什麼樣的風險。

卸下心中大石的母親，激動得流下淚來，雙手合十不斷道感謝。相信今晚，他們已能睡個好覺。

三天看診近六千人，平均一天的服務量，和臺灣許多區域醫院的總體門診量相近。比起說累，我們的內心更是感恩與踏實。

收拾好行裝，前往機場搭機返航途中，車子竟拋錨熄火了。

柬埔寨志工和司機急忙聯繫遊覽車公司，對方請我們就地等候車輛調度，但時間卻無法準確告知。我放心不下，心想若是大隊人馬趕不上飛機，情況會變得更複雜。

拋錨地點距離機場只剩五、六公里，我提出建議當機立斷，與其在未知中等待，不如把握時間全員步行前進，雖然人員眾多，但加緊腳程的話，半個小時應該能到達。

所幸最後，大家都能好整以暇地掛行李、過海關，安全回到居住地。

海外的小插曲提醒了我，凡事準備充足還不夠，時間的充裕很重要。在偏遠落後之地，又關乎一眾之人，若是掐緊時間到最後一刻，一旦有突發狀況就容易變得計窮勢迫；把握時間做事，但也要預留充分的彈性，遇到插曲才能從容應對。

探索小乾坤

眼淚能流到一公升嗎？

在海外義診很容易流眼淚，有時是看到病人的辛苦，有時見證到複雜的政治歷史糾葛下的悲慘世界，有時感受到志工克服萬難的誠懇付出，有時體會到無數人以愛接力的不容易，又或是一個個苦難人生被改變……點點滴滴，總會觸動心中最柔軟的那部分。

眼淚很奇妙，能用來表達悲傷、快樂的情緒，有研究指出，流淚與平衡腦中的賀爾蒙有關，所以要求男兒有淚不輕彈，未必符合人性。我們不會一天到晚哭泣，但眼睛卻經常需要淚水來覆蓋，因為眼淚最重要的功能，是保護眼睛。

淚液包含了油脂層、水層跟黏液層三層結構，裏面有各種養分和抗菌成分，油膜可以避免水分蒸發，讓眼球表面常保滋潤。

正常情況下，人平均每分鐘眨眼約二十次，每次眨眼約零點七五秒，藉由眼皮的開合，讓淚腺分泌的淚液均勻分散至眼球表面，再經由鼻淚管收回，到鼻腔排出。扣除睡眠時間，人一天眨眼將近兩萬次，但若長時間注視3C產品，會減少眨眼次數，淚液分泌不足，導致眼睛乾澀疲勞，甚至造成乾眼症、角膜受傷等問題。

既然眼球表面時時需要淚水，眨眼次數又這麼頻繁，一天下來究竟會分泌多少淚液？答案絕不是電視劇名一公升的眼淚，而是一毫升！這是非常精細的設計，人體很奧妙，極為少量的淚液，就能充分發揮護眼功能，要多加善用與珍惜。

市售眼藥水大多含有化學藥劑與防腐劑等成分，雖能帶來一時的溼潤，但長期使用反而容易造成傷害。最好的護眼之道還是人體的天然機制，工作或閱讀一段時間，務必起身動一動，眨眨眼，眺望遠方，讓眼睛得到適當的休息與保護！

愛　是所有問題的答案

緬甸．Myanmar．東南亞

神奇的消疤藥

在緬甸仰光的義診現場，見到一張熟悉的面容，我高興極了！男孩轉動羞澀的眼睛看向我，我想他一定不認得我，但他那臉龐，我不知牽掛了多久。

他叫密威喬，第一次見到他，是在半年前的志工早會上，上人談起了慈濟志工與他相遇的故事。當五官俊秀的他出現在螢幕上，立刻吸引了我的目光。

十二歲的密威喬，夜晚讀書時不小心打翻油燈，火舌隨著煤油從他的頭頂往下竄，造成全身百分之二十嚴重灼傷，多數範圍集中在顏面和肩頸，右眼睛視力也從此受損。

穿梭在當地關懷貧民的慈濟志工發現後，開了五個小時的車，將他送到仰光接受植皮手術並補助醫療費用，還經常到醫院陪他讀書和遊戲；出院前，他捐出自己積存的零用錢，幫助另一位想聽音樂的燒燙傷女孩買收音機，還發願長大以後要做慈濟人。

他的故事讓人感到激勵與祝福，然而身為整形外科醫師，我知道他的傷口未來可能發生的變化，如果可以，最好儘快戴上彈性面罩，以免日後顏面疤痕肥厚、攣縮，甚至造成扭曲變形，對身心發展會有負面影響。

問題是，當地醫院沒有相關資源，也不知道該怎麼製作，於是我聯繫臺灣的壓力衣廠商，請緬甸志工依著表格丈量尺寸，再傳回來臺灣進行製作。大林慈濟醫院整形外科同仁一起出資結緣，希望這個緬甸男孩的成長路上，能少一點不幸，多一點希望。

「彈性面罩有天天戴嗎？」終於親眼見到他，我關心地問著。「都有，只有下課回家前才會拿起來，因為狗會不認得我，跑來咬我。」純真的回答，讓我們不禁會心一笑。

面罩下的他，疤痕恢復得很好，沒有凸起，更沒有變形，顏色很自然，幾乎與沒受傷的皮膚差不多。看到彈性面罩確實發揮了功能，內心非常感恩。

透過志工早會，我們能知道慈濟在世界各地發生的故事，而不同身分背景與思惟的人們跨越空間交會後，又為這些故事加入了更多的可能。

在那個時代，遠距醫療不可能發生在臺灣與緬甸之間，但志工早會讓它成真了。也因有跨國志工、同仁一起努力，才能讓身受重創的小朋友，能維持一張接近原貌的臉。

密威喬的故事並非就此告一段落，多年之後，又在志工早會看到他的變化。

由於長期治療與復健，他被迫中斷學業，十八歲才回小學六年級復讀，卻因適應不良而逃學、抽菸，出現叛逆行為，讓媽媽很操心。志工專程前往關懷陪伴，找回了昔日那個彬彬有禮、殷勤學習的密威喬，老師也欣慰他的改變。

後來他還穿上慈青制服，參與慈濟下鄉發放，現在他早已不是貧窮受苦的自卑孩子，而有那分陽光與助人的力量。

距離與他的初遇，至今過了十多年歲月，因為這些以愛相續的過程，讓他不致因外觀的變形而心理產生扭曲、生活造成困頓，他可以好好受教，遭遇迷惘困境時，有人可以拉一把，蛻變成一個有為青年。

在密威喬臉上，看到的不再是疤痕，而是真正的癒合，而這背後包含了社會的療癒力量。義診雖然短暫，但在適當時刻發揮一點影響力、持續追蹤，當社會正面的力量凝結在一起時，溫暖人心的力道卻如此深刻，令我永難忘懷。

心不遠，路就不遠

慈濟的緬甸因緣，始於二〇〇八年的一場巨災。五月二日，特強熱帶氣旋納吉斯（Nargis）挾帶大量水氣，以一百九十公里時速橫掃伊洛瓦底江三角洲，造成緬甸史上最嚴重的天然災害，近十三萬人死亡和失蹤，四公尺高的暴潮逆江而上，稻田鹽化、牛群散失、農作欠收，世界糧倉一夕變色。

國際各界高度關注緬甸災情，但軍政府態度卻一如既往的保守強硬，居民的呼救出不來，外界的資源進不去。

隨著死亡人數攀升，聯合國物資終於在一週後送抵緬甸，五月十日，慈濟經過不斷的協商和交涉，獲准成為第一批進入救援的非政府組織。

要從臺灣進入沒有邦交且對外封閉的緬甸賑災，有實質上的困難，慈濟在當地沒有分支會所，之所以能夠做到，除了同為佛教背景外，最重要的，還是因為東南亞志工長期付出，獲得各國民間與官方的信任。

第一批勘災團由馬來西亞和泰國志工組成，隨後分階段發放物資和稻種、提供義診、援建學校、舉辦教育人文交流，從緊急救助到中長期關懷，一波一波接續不斷，因此才有各國人醫會醫師前往義診的機會。

二〇〇九年農曆春節前，我與慈濟醫療體系的醫師們，搭了四個半小時的飛機直達仰光，馬來西亞分會執行長郭濟緣師兄早已安排好一切，在當地迎接我們。

此前他已奔波兩地十一次。原以為同為東南亞國家，兩國之間距離不會太遙遠，但互動過後才知道，他從檳城搭機一小時到吉隆坡，經過三、四個小時的候機，再飛三個小時到仰光，單趟航程竟比臺灣過去還要辛苦！同團的還有菲律賓人醫會成員，旅途更遙遠，但他們全都甘之如飴。

因為有他們的堅毅承擔，在自己的國家付出、為需要的國度鋪路，我們才有因緣走進這裏。

愛是最終的答案

整個緬甸街頭，見不到一個比較豐腴的身影，民眾普遍纖瘦，可見國家經濟對人民健康的影響。

來看診的病人，主訴大多是胸悶、頭暈、倦怠無力、咳嗽等症狀，問他情況有多久了，他們的回答常常都是：「好幾年了。」

醫療費用對居民來說是個沈重的開銷，一檯疝氣手術費用換算臺幣要將近兩萬元，對於平均月收入只有幾百塊的家庭而言，實在負擔不起。

志工帶著另一位小女孩來到我面前。居民使用煤油燈照明與燒柴煮食的緣故，這又是一個被火紋身的孩子。

出院三個星期，她的傷口有些發炎，治療期間，她注意到我們手腕上的上人法像念珠，怯生生地詢問，能不能也要一串。

女孩要念珠，不是為了求自己平安，而是想送給同時被燒傷的弟弟。

志工趕緊找來一串為她戴上，她露出滿足的笑容，雙手合掌作為回禮，令人心酸的是，這時的她還不知道，弟弟其實早已傷重不治了。

看到她本該童稚活潑的眼神，在病痛折磨中失去了光彩，未來還要面對辛苦的成長過程，讓人痛心不已。同一個現場，也看到另一個童年時期烙下的傷痕。

一九八八年，緬甸發生大規模的民主運動，軍政府展開武力鎮壓，上千名大人與小孩喪命街頭，其中一名孩童也在這場混亂中受傷了。

孩童漸漸長大成人，但當初斷裂的手部神經沒有及時治療，日後漸漸肢體變形、感覺異常，對生活帶來很大的影響，利用這次義診來尋求醫療諮詢。

第一次踏上緬甸義診，還是軍政府的威權治理時代，近十年間，看到了民主轉型、社會開放的曙光，這一步來之不易。然而近期再度發生軍事鎮壓事件，造成平民流血街頭，讓人感慨民主發展的困難和珍貴，回顧歷史，縱使是民主先驅的英國，也經歷過數百年的矛盾與改革，而在這反覆的進程中，人民永遠是辛苦的。

二十多年後，仍能從當年那個受傷的小朋友身上，看到國家內亂、戰爭所烙下的恐怖殘影，彷彿是對來自和平國度的我們的提醒——人類必須從歷史中得到學習，人性雖有自私、對立的一面，但更有互助、關懷的本質，喚醒人心之愛，永遠是我們要不斷去做到的。

愛，是所有問題的答案。

柔軟心化解對立

不同於印尼、菲律賓慈濟義診，有本地志工團隊做前置評估與後續關懷，緬甸義診一趟不易，來求診的民眾一天比一天多，第三天來了近兩千人，我們卻無法照顧到所有需要的病人，只能讓晚來的居民失望離去。

在醫療資源的匱乏之中，除了感到不捨，更需思考與當地醫院合作的重要。也正是去到當地才知道，志工在背後不為人知的承擔，每個跨步都需要十足的用心。

在長期的封閉體制下，緬甸機關不輕易與外來團體甚至外國單位合作，馬來西亞志工到當地一家醫院關懷小病人，意外引起警衛的警戒，通報管理階層連忙過來阻止，連院長也跑來毫不留情斥責。

志工們沒有委屈和生氣，頻頻九十度鞠躬合掌致歉，誠懇謙卑的態度，軟化了院方人員，日後志工出入都給予方便通融。他們千辛萬苦地關懷，背後動機只是為了陪伴小女孩復原。

醫療的本質並非展現在開刀或是石膏上，而是在人與人的關愛與互動間。出院前，志工幫她辦一場感恩會，感恩醫護團隊的照顧，當地一位骨科醫師熱淚盈眶對我說：「這是我一生中最感動的事！」

經由馬來西亞慈濟人的帶動，當地華人、緬甸人陸續加入志工行列，他們不只關懷個案，也在當地醫院「布施熱粥」。

醫療資源不足、醫院設備簡陋，一張小兒科病床可以住兩個病人，小朋友必須輪流睡覺。過去只知道，印尼雅加達鐵道旁的貧民窟，不同家庭成員共用違建小屋，晚上需要輪流睡覺，沒想到在緬甸，連生病住院的孩子都要輪流睡覺。

能否想像，當自己的孩子生病時，要與他人共用病床，無法充分休息的辛苦？何況許多家庭將收入都用在支應醫藥費時，吃飯都成了問題。志工們決定到醫院施粥，一天一餐，卻是許多病人唯一一次的營養來源。

有一次，一位家屬氣急敗壞，抗議志工只發給病人卻不照顧家屬；志工們不慍不火，將自己的麵包給了這位家屬，還邀他一起來發粥。當他看到原來有更多比自己困難的病人在等待這唯一的一餐，也起了悲憫心，將自己的麵包給了別人。

也有住院中的女囚犯，原以為自己不可能得到熱食，沒想到志工平等對待，讓她非常感動。志工施粥的行動，後來還影響了當地醫護人員，他們也志願承擔起煮食、供應熱粥的工作。

微光中的希望

一直都知道雞是會飛的，但飛到屋頂上的雞，還是頭一次看到。

在緬甸鄉下，居民大多居住在竹編、茅草屋頂的高腳屋，人類與動物、大自然和諧共處，只是這樣單純的人們，卻往往承受最辛苦的重擔。

就像農業時期的臺灣有著奉茶文化，緬甸也有奉水的習俗，住家門旁、樹蔭下的陶罐裏，裝著乾淨的飲水供人取用，可見人們的體貼、善良與樂於分享。

隨著志工來到村莊關懷個案，因為土路凹凸不平，一不留神絆到了腳，白鞋踩進了泥窪。村裏的小孩見狀取來乾淨的水，蹲在我的腳邊要幫忙清除泥巴，我趕緊接過水來，不捨得讓他們為我擦鞋。

清晨天光未開，我們走進幽暗的竹編屋裏，案家點燃蠟燭幫忙照明。

搖曳閃爍的微光中，心臟內科專家林俊龍執行長的頭彎得比女孩還低，細細諦聽女孩的心音。

小女孩患有先天性心臟病，微藍帶紫的膚色，和末端腫脹的「杵狀指」，透露了身體長期缺氧的問題，需要接受開心手術。但即使送往首都仰光，這仍是個困難的手術。

仰光的醫學院，每年能訓練出許多素質優良的醫師，在臺灣也有不少來自緬甸的醫師，在臨床發揮重大良能。但緬甸整體醫療水平低落，無法執行高難度的手術，若是將來臺灣能與當地建立醫療合作，就能照顧到更多重病患者的家庭。

二〇一七年七月豪雨成災，H1N1流感疫情在緬甸蔓延開來，重症與死亡人數攀升，克流感藥價飆漲，疫苗一劑難求，連黑市也找不到；仰光第一醫學院教授請求慈濟援助，我與感染科醫師再次隨著林俊龍執行長拜訪當地。

陰暗的地下室角落裏，我們與隔離區病人遙遙相望，感到格外心酸。慈濟基金會援助防疫口罩、潔手液、快篩試劑和藥品，分送學校和醫院，希望為辛苦的醫護人員和民眾帶來一些支持，也期盼未來能延續因緣，攜手為當地做更多事情。

緬甸不只有美麗的自然景致與人心風光，還有一種獨特的美學觀念，在這裏才見得到。

在緬甸婦女與小孩的臉上，都塗著兩抹淡淡的黃色粉末，當地人稱之為特納卡（Thanaka），又叫做香木粉，據說可以防晒、防蚊，還具有清除粉刺跟美白效果。

特納卡的原料十分天然，只有黃楝樹枝幹和清水，研磨成汁液塗抹在臉上，有些女孩還會塗成不同圖案，增加儀表的變化。緬甸太陽大，女性膚色普遍是比男人白一些，但特納卡並非全臉塗抹，而是局部搽在臉頰、額頭上，若說是以此美白與防晒，我心中滿是問號。

走訪世界各地，向來對當地獨特的風土習俗感到好奇，我特地帶回一截樹枝，請臺中慈院檢驗科同仁幫忙做細菌培養，驗證是否有抑菌、潔膚效果。

答案是，沒有。

或許植物的芳香分子具有些許驅蟲防蚊效用，科學實驗沒做到那，我們不得而知，但可以確定的是，特納卡對緬甸人的意義，遠超過在容貌上的妝點——媽媽若是沒幫上學的小孩塗抹，會被嘲笑懶惰；男人若願意幫妻子塗抹，則有著表達愛情的象徵。

探索小乾坤

一日一生與終身無休

杵狀指是手指末端腫大鼓起有如鼓棒的型態，為心臟或肺部慢性疾病的表徵之一。慢性心臟病患者因為心肺功能無法完成，使得原本應該在肺臟被分解回收的血小板生長因子，又被送回肢體末梢，刺激組織增生肥大。

心臟每一次收縮能輸出八十毫升血液，以每分鐘跳動七十次來估算，一分鐘的心輸出量約五十六公升，一天則相當於八公噸。心臟打出的血液，在一分鐘內就可以流遍全身，循環不息，至死方休。

光聽數字就覺得非常累人，但我們卻毫無感覺。老子說：「天下難事，必做於易；天下大事，必做於細。」不要只是憂愁著浩大與困難，一點一滴如實去做，就能有了不起的成就。

正常狀態下，大動脈的血流速為每秒五十公分，小動脈為每秒三十公分；血液分配至全身微血管交換氧氣和營養物質，回到小靜脈時，流速變成每秒七到八公分，大靜脈約每秒四十公分。

小腿之所以有「第二個心臟」之稱，是因為下肢遠離心臟，靜脈血液回流需要靠肌肉收縮幫忙帶動，因此多走路、多運動，對於血液循環有很大的幫助。

人體有著極為精密的智慧調控機轉，人在安靜時，約有百分之二十五的血流量會送到肝臟及消化器官，肌肉、腎臟各分配約百分之二十，但在運動時，會將百分之八十五的心輸出量送到肌肉和皮膚。

自古人類在草原、叢林中求生存，必須躲避獅子、老虎、獵豹的追逐，大腦將運動視為攸關生死的事情，所以會集中火力支援前線。

但無論安靜或運動，心臟本身只耗用全身百分之五的心輸出量，真的是勞苦功高。

有一句廣告詞「世界愈快，心則慢」，值得我們細細體會。人在緊張、不安時，交感神經亢奮，會使心跳加快、血壓上升、肌肉緊繃以應付外在的壓力變化，但若長期未能調節過來，會造成身心的不良負荷。世界紛紛擾擾，在快速奔馳的生活節奏裏，需要適時轉移、沈澱，讓副交感神經回復身體的平衡，心跳血壓也會緩和過來。

心臟細胞在發育完成後就停止分裂，因此人一輩子幾乎都靠同一批心肌細胞在運作，這更告訴我們愛護心臟的重要，健康飲食、規律運動、戒菸、控制體重與三高，都是最基本的習慣。

心臟細胞終身值勤，那麼人體裏壽命最短的細胞是哪一種呢？是負責吸收營養的小腸絨毛細胞，平均壽命大約二十四小時。儘管時間不長，但每一個細胞都堅守崗位努力工作，直到死亡脫落，但也會一直分裂出新的細胞加入運作。

在人體小宇宙裏，每一種細胞都有值得我們尊敬與學習的價值。

壓力、煩惱過度蓄積 內心也會生病
付出愛 是最好的心靈引流

中南半島 Indochina Peninsula・東南亞

◆越南Vietnam

一趟航程，兩樣情

飛機高度漸漸攀升，胡志明市的街道在腳下縮小、模糊，最終被白雲和藍天所取代。

結束了幾天的越南旅程，探訪了牽掛已久的出院病人官世成，即將返回臺灣的家，心情感到踏實，但搭乘同班飛機的女孩，卻與我們有著截然不同的心境，她明顯是懷有忐忑的。

候機時，她與家人淚眼相待，一旁的我和內人臨時受到這個陌生家庭的請託，在飛航期間幫忙照看那隻身出國的女孩。

不是旅行、不是遊學，更不像其他志在探索未知而獨自旅行的年輕女孩，她是一位越南新娘，淚別親人，前往陌生的臺灣，從此以那個語言、文化、生活習慣和方方面面存在著隔閡的地方為家。

一九九〇年代以後，外籍配偶來臺人數快速增加，人們大多從媒體關注到人口結構和社會現象的變化，卻很少關懷這些女子的內心世界。

離鄉背井踏上未知生命旅程，對一個在保守環境下成長的年輕女孩來說，不可能沒有壓力；她們也渴望被疼愛、被尊重，努力融入家庭，但當社會整體的理解與關懷不夠時，調適的瓶頸要往何處去？而有些女性嫁入生活水平較為辛苦的環境，仍然認分承擔著養家育兒的期許。

那是發生在二〇〇二年五月的插曲，與那位女孩雖然只有一個航程的短暫之緣，卻讓我從此對東南亞外籍配偶、移工的印象變得更加立體。

在醫院病房裏，不少老病長者由外籍看護全程照料，當阿公阿嬤病情驟變、轉送加護病房的第一時間，經常都這些看護在忙著張羅、聯繫，有些人甚至張惶無措得哭了出來。

看見他們的真情流露，我們是否也用真情以對了呢？整個社會似乎可以做得更多、更好、更尊重一些。

站起來，走回家

二〇〇一年十一月，十二歲的越南少年官世成第一次出國，目的地是臺灣嘉義的大林慈濟醫院。三十八公斤的他，由四十五公斤的媽媽揹下車，眼神透露著期待，也有些緊張。

當時我擔任大林慈院副院長，事前透過花蓮本會的轉介資料，知道了這個辛苦的孩子。四歲時，成仔因家裏的燭火不慎引爆殺蟲劑，除了前胸之外，從顏面到腳底遭受嚴重的二度至三度燒傷。

由於家境困難，當地醫療水平也不足，成仔無法得到妥善的治療，成長過程中，傷口反覆發炎、流膿，疤痕不斷增生、攣縮，導致多處關節扭曲變形。

看著活潑健康的孩子，因一場意外而夜以繼日地受磨受苦，對父母來說，是難以治癒的痛。

當時成仔每住院四天，就要花掉爸爸一個月的薪水，而這還不包含手術和藥品的開銷。在父母四處借貸下，成仔的手腳陸續開了六次刀，傷勢卻無法真正穩定下來，最後甚至無法走路，只能坐在地上以手撐地移動身體，使得下肢傷口經常受到不當摩擦而更難修復。

後來，因為左腳潰爛情形嚴重，經久不癒，醫師建議截肢。越南慈濟人接獲提報後，帶著醫師上門關懷，當地醫師建議送往醫療技術較為先進的臺灣治療。

輾轉寄到我電子信箱的照片中，成仔的傷勢確實嚴重，但不至於需要到截肢的程度，適當的手術可以帶來很大的幫助。截肢或許能一勞永逸，對小朋友和父母的心理衝擊，必然大於肢體殘障本身。

確認我可以收治成仔後，越南慈濟人積極為他籌募經費，還陪伴他和母親遠渡重洋來嘉義大林求醫，成為慈濟第一個跨海慈善醫療個案。

考慮成仔年紀與身體耐受性，治療分階段執行，先改善重要功能，日後再作細部修復與矯正。

在臺灣行醫很幸福，要取皮移植很容易，透過電動設備的輔助，能精準快速切下邊緣整齊、厚薄均勻的皮，但在海外許多地方並非如此。想起過往在沙烏地阿拉伯駐診，唯一的電動取皮刀故障，須以手術刀快速削下健康完整的皮膚，以利傷口的術後修復。

清創、植皮、放鬆疤痕、矯正變形的肢體，住院治療和復健過程十分艱辛，成仔展現了不平凡的忍耐力，時常痛得吃不下、睡不著，卻還是認真配合復健，堅忍毅力令人感動卻又不捨。

有一次換藥時，成仔偷偷告訴我，陪病的媽媽會咳嗽，應該是季節交替感冒了，但媽媽不好意思麻煩醫護人員，未曾向人開口說過，我趕緊開藥送來病房給她。

一個半月後，成仔不但保住了腳，穩穩站起，還能用自己的雙腳走著出院，走進越南的家。

雖然透過越南慈濟人傳送的影像追蹤成仔術後狀況，但我仍有所牽掛，出院半年後，決定安排休假飛往越南，看看他們的居家生活。

之所以讓人糾結放不下，除了他小小年紀卻展現不成比例的堅強，更因為他身邊無怨無悔陪伴照料的母親，消瘦而嫻靜的她，有柔韌而無比強大的心，體現出天下慈母的典型，讓每一個為人子女者生出尊敬和共鳴。

飄洋過海來看你

胡志明市的行道樹高聳入天，樹冠頂端約莫到達六、七層樓高，樹幹基部刷上白色油漆，彌補了夜間照明的不足，形成清楚的車道標示線，給人車起了很大的提示作用。

聽志工說，這是法國梧桐，腦海中立刻浮現南唐後主李煜的詞句——「無言獨上西樓，月如鉤。寂寞梧桐深院鎖清秋。剪不斷、理還亂，是離愁。別是一般滋味在心頭。」哀婉的離情背後，隱含著切切的亡國之殤。

眼前的梧桐非李煜所見的梧桐，它們筆直高壯，綠意盎然，超過百年歷史的大樹，在十九世紀的法國殖民時期就已種下。來過越南都會的旅客，都會對建築物濃濃的法國風情和參天的行道樹留下深刻印象。

越南曾經走過漫長的坎坷歲月，將近一個世紀的法國殖民，留下了許多法式公共建築物，卻沒有為民生留下現代化的基礎布局。殖民政府離去後，卻又接連發生長達十年的內戰，和持續二十年的越南戰爭，各國軍隊死傷慘重，人民更如螻蟻般漂泊。

對我這一代臺灣人來說，越戰不只是歷史課本中的名詞，小學時期就常從新聞看到令人不忍的悲慘景象。戰爭究竟所為何來？整個中南半島的近代史，看到的盡是意識形態對立而造成的殺戮和相互傷害。

彈痕可以抹去，森林可以復原，但人們能否從歷史中得到教訓？無奈至今世界各地仍有大量因國家動盪而回不了家的難民。

越戰結束迄今四十多年，當時美軍使用的落葉劑，撒下了鋪天蓋地的遺毒，不但造成人們患病、死亡，也在往後出生的十五萬嬰兒身上，烙下終身畸形的缺陷。

官世成雖然不是落葉劑的受害者，卻是發展低落的大環境裏，其中一個無奈的身影。

胡志明市街道嘈雜，交通壅擠，耳邊喇叭聲此起彼落，我們並未在車陣中穿梭很久，就來到成仔的家。

十坪大的屋子裏住著三代十二口人，親身來到影像畫面中那個陰暗、潮溼、狹小、悶熱的空間裏，更能了解成仔傷口照顧的困難。

成仔的家並不特別，這是當時市井小民普遍的居住環境。過去他坐在地上移動，攣縮變形的關節受力不均，局部反覆壓迫、摩擦而容易受傷感染，現在他已能正常走路，隱憂減少了，但傷口照顧仍有許多問題。

我帶來一些醫藥用品，指導他們如何注意傷口的清潔和照護，生理食鹽水的需求很大，煮沸開水加入適當比例的鹽巴，就是醫療資源不足下的替代方案。

堅持就能看見希望

能親眼看看這牽念已久的一家人，開心之中，卻也感受到存在世間不同角落的種種無奈。

層層疊疊的歷史前緣，使得國家發展停滯不前，醫療水平低落，於是有一個孩子因為燒燙傷癒合不良被宣布需要截肢，而他只是整個社會困境中的一個縮影而已。

雖然先進國家醫療已具備很高的水平，但仍有許多有著迫切需求的地方，無法達到基本的醫療普世價值，這為現代醫療人員的我們帶來反省，若能彼此互助，善意關懷，可以帶來更多改變。

然而即便環境有所局限，也阻擋不了年輕醫護人員求知、上進的熱忱。隨著志工走進當地醫院，硬體設備近似於四、五十年前的臺灣，但與當地醫護人員進行了短暫接觸，看到他們在會議中的積極和用心，便也感受到未來的希望。

社會局勢緊繃，有很長一段時間，民眾集會受到政府的管制。難得前往越南一趟，我們把握因緣與當地人醫會、志工互動交流，卻也能感受到社會主義無所不在的注視。

慈濟志業在越南茁壯著實不易，還曾因觸犯當地敏感神經而換來多年的沈寂。志工在謹慎謙卑中調整腳步，這些年來，結合臺商和當地慈善組織之力，訪貧、發放、義診、救災，受到政府的肯定、表揚，一路走來的艱辛，非三言兩語能說明。

越南慈濟人用溫柔的善行累積出厚實力量，不因環境困難而感到失望、放棄努力，堅持付出，再接再厲，終能等到曙光，看到一個又一個改變生命的故事發生。

◆泰國Thailand

世紀水患，與我何干？

豪雨從二〇一一年七月底開始襲擊泰國，八月陸續釀成水患，河水一路往南氾濫。十一月初，我與臺灣、菲律賓的勘災團隊來到曼谷，仍處處可見積水景象，高架道路變成停車場，有些收容所甚至也進水了，不少民眾在路旁搭帆布棲身。

市區湄南河畔堆起壯觀的沙包牆，水位早已高出原本的河堤，一旦有破口，淹水的情形更加難以想像。

一直以來，東南亞各國都有雨季水患的紀錄，不但臺灣偶有災情，在泰國更是司空見慣，泰國慈濟人幾乎年年為受災人奔走，但這次為何需要跨國團隊來賑災救助？

雨勢連月沒有趨緩，降雨量還比往年高出許多，首都圈是泰國的工業重鎮和商業核心，為了避免臨海且地勢低窪又地層下陷的曼谷遭遇洪患波及，政府一路圍堵攔截。

然而這個以都會為中心的防洪策略並未奏效，惡水愈積愈多，氾濫的面積愈來愈大，大半國土受災，依舊抵擋不住水往低處流。直到首都附近的大型工業園區滅頂，曼谷也岌岌可危，政府才開放曼谷河道，讓洪水有適當的宣洩出口。

這場被國際間稱為「慢海嘯」的世紀洪患，不但泰國民生損失、觀光受挫，大量工廠被迫停工、減產，更打擊了汽車、硬碟等國際產業鏈。中南半島是世界糧倉，大規模天災導致大範圍良田受損，動搖全球的糧食安全與糧價，也波及了國際慈善組織的糧食供應能力，影響非同小可。

泰國慈濟志工九月開始救助受災居民，災情卻是不減反增，十月泰國分會也被大水圍城，有些志工經營的工廠淹水，索性擱置一旁，全力投入分會的救災工作。

臺灣、菲律賓慈濟人過去都曾在大型災後推動以工代賑，凝聚受災居民之力共同清掃、重建家園。第一梯勘災團帶來近七百公斤的物資，協助泰國分會勘災、賑災、經驗交流之外，還有一個重要任務——水災癱瘓了許多藥廠，各醫院洗腎液庫存量告急，曾參訪臺灣慈濟的泰國衛生署長提出求助，盼慈濟能解燃眉之急。

經過勘災團的實地評估，後來，在臺北慈院和基金會的協力下，找到可以供應泰國洗腎液配方的藥廠，緊急生產送往當地。

這次洪患，許多醫院是直接受害者。雖然洪水從曼谷北部逐漸往南蔓延，並非三兩天之內的事，但醫療院所卻仍一家一家淪陷停擺，理由就在於醫院的重裝備如電腦斷層、磁振造影、放射治療，甚至攸關一切醫療設備運作的發電設備，大多安裝於地下樓層，當大水湧入，即使二、三樓以上病房完好，但沒了發電設備，就無法供氧、洗腎，直接危及病人安全。

來不及搬遷設施，只好用水泥將通道完全封死，待水患危機過後再重新打通。

洪水癱瘓醫院，泰國並非特例，二〇〇五年的卡崔娜颶風、二〇一二年的桑迪颶風，都造成美國的重要醫院無法運作，甚至院內死亡人數遽增的情形。

在極端氣候天災考驗日漸嚴峻的二十一世紀，這些真實事例不能不引以為鑑，當災難不可擋，醫院如何降低風險和脆弱度，有效減災與備災，真正成為周遭傷患的庇護中心，是經營者必須嚴肅面對的問題。

小引流，祛傷鬱

每個機關大樓出入口都堆疊了層層沙包，泰國分會也不例外，泰國志工王鐘賢在搬運時不慎砸傷了手指，整個甲床瘀血發黑，指頭腫脹鑽心刺痛而難以入眠，平時做事也不方便。

我將他帶到廚房，燒紅迴紋針的一端後，直接往他受傷的指甲上燙。師兄顯然是有修養的人，臉不紅氣不喘，沒有絲毫緊張，讓我順利在他的指甲烙出一個洞。

只見小血注瞬間從洞口湧出，沒多久，甲床的瘀血幾乎消退，再用隨行帶來的藥品幫他消毒治療。

甲床空間狹小，又被指甲密封，蓄積的血液容易造成腫脹壓迫，而手指頭神經又相當敏感，幾乎無時無刻都會造成強烈的疼痛感。用迴紋針燒穿指甲，看似可怕，實際上是安全的，即使在臺灣，我們也會這麼做。

堅硬指甲被穿透的瞬間，得到不同的回饋感便立刻收手，不會對軟組織造成傷害，也比尖銳的細針更安全。

若放任不理，就只能忍耐強烈疼痛到血流停止，還可能需要經歷數個月的指甲脫落和重新生成過程。後來在臺灣遇到他，手指完好如初，完全看不出曾經受傷的樣子。

當身體內的液體不當蓄積，引流可以立即解除危機，免於後患，若是內心堆積了太多壓力、煩惱，也會造成生病，如同心包膜積水壓迫心臟，血液也無法打出與回流，同樣需要無形的引流。

培養興趣之外，服務他人的過程，如同在為心靈做引流，可以讓注意力從雜念中轉移，情緒得到疏導，最後又能重新找回自己的動力，志工們在付出中得到單純喜悅和成長，就是最好的見證。

這次的經驗說明了醫療人員與慈善志業同行勘災的意義，不論在災後緊急醫療或是復健評估，都能提供不同角度的實質幫助，至少也能照顧到救災人。

這讓我想起此行飛往泰國期間，在空中發生的一陣騷動。起飛不久，聽到機上廣播需要醫療人員，我趕緊起身協助。

一位年輕的泰國男子手摀著胸，在眾人的協助下躺臥在座椅上，雖然語言不通，但從他胸痛劇烈、呼吸急促和心肺聲來評估，我診斷他疑似氣胸，若是症狀繼續加劇，就得從體外插入細管引流出胸腔的氣體。

身為醫師，過去也有幾次機會在飛行期間遇到病人突發狀況，還好這位男子生命徵象還算穩定，不必在空中動用緊急術式，我一路守護在側，飛機降落後男子直接被救護車送往醫院。

下機時，航空公司送我一瓶香檳酒聊表謝意，我笑著婉謝了。機組人員或許不清楚慈濟人不飲酒，但對我來說，能盡到醫療人員的本分事，在需要時發揮專業幫忙，看見大家健康和平安，就是我們最大的回饋！

◆馬來西亞Malaysia

與你同在不孤單

阿仁被人用軟床墊包裹著，抬進義診現場。他因為患有重度腦性麻痹，肢體不由自主地僵直與抖動，無法做身體的主人，還經常因此受傷，出門既困難又危險，必須設法保護。

父母需要賺錢養家，阿仁從小由阿公、阿嬤不離不棄地照料，感受到醫療團隊有心協助孫子的溫暖，阿嬤忍不住紅了眼眶。阿嬤說，自己終有一天會老，不敢奢望孫子脫胎換骨，只盼望他身體功能有所進步，可以自我照顧，或得到妥善照顧，而這也是所有父母的心聲。

二〇一七年，我與臺中慈院復健、小兒科醫師，因為馬來西亞慈濟人醫會醫師的牽線，來到古晉關懷腦性麻痹患者。

多數重度腦性麻痹患者的一生極為艱辛，且不說社會大眾是否能夠理解和支持，光是不由自主地抖動和扭曲，就讓他們筋疲力竭；有些病人還合併癲癇，或常因肌肉張力過高而痙攣，十分痛楚。更令人不捨的是，多數孩子頭腦清晰，卻因語言障礙和肢體不協調，無法與人溝通和互動。

隨著醫學進步，有愈來愈多治療方式可以幫助症狀緩解。雖然他們終其一生無法康復，卻能因早期的復健介入而有所改善，不同類型的症狀也有相應的藥物能加以控制。

此行最大的用意，就是透過專業醫師的評估，為每個病人量身打造最合適的治療和復健方案，未來由當地人醫會醫師結合慈善資源加以落實。隔天，醫療團隊依約來到阿仁家訪視，阿公、阿嬤非常感動，期望我們的親身到訪，能讓他們感受未來不孤單。

臺中慈院有優秀的復健團隊，很感恩能因為國際慈濟人醫會的交流，讓兩地醫師共同搭起專業平臺，為這群辛苦的人們做一些事情，而這也是我們對有心付出的馬來西亞醫師的一分支持，不只堅定守護生命志願，更能有助於當地醫療水平的提升。

一九七二年，證嚴上人在醫療資源貧瘠的花蓮成立貧民施醫義診所，希望能終止貧病相依的惡性循環，這一念心不斷開枝散葉，帶動出有志一同的醫師，在各地投入偏鄉和貧病患者的關懷。

國際慈濟人醫會自一九九八年成立至今，全球有一萬名醫護專業志工，自掏腰包、志願付出，經年不輟地投入救災、義診、居家往診，照顧著需要的人，而自己更在付出中，重拾、堅定醫療的初發心。

過去幾次前往東南亞國家與當地人醫會互動，看到醫師們大多年輕而富有熱忱，專心、用心探討著如何改善病人的問題，補社會的不足，孜孜不倦的學習精神令我感到振奮。

他們是當地醫療的希望。

當專業有著深刻的慈悲關懷為底蘊，刀鋒就能常帶感情，能在人間彩繪出更多動人的美好。

探索小乾坤

與天地共生息

氣胸是肺臟裏的肺泡破裂，空氣溢出，蓄積在肋膜腔而壓迫肺臟，造成肺葉塌陷，產生胸悶、胸痛與呼吸困難等症狀。除了外力撞擊或人為因素造成肺臟受傷外，也有一些無緣無故的自發性氣胸，好發於年輕男性，男女比例約六比一，輕微者可以自行康復，嚴重時就要做胸管引流或手術治療。

俗話說，「醫師怕治咳嗽，土水師怕抓漏」。咳嗽是呼吸道的防衛機制，當受到刺激或有發炎反應時，就會誘發咳嗽反射。慢性咳嗽原因非常複雜，除了呼吸道和肺部疾病之外，鼻涕倒流、胃食道逆流、心臟衰竭也是可能的因素，需要正確診斷，對症治療。

由於咳嗽是要將呼吸道的異物或分泌物排出，科學實驗測試咳嗽風速可以達到每小時八十公里，相當於每秒噴射二十二公尺的距離，若以輕度颱風的每秒時速大於十七公尺來比擬，簡直形同一個小風暴中心。所以感冒時，正確戴好口罩是自愛愛人的表現。

我們吸入的空氣經由口鼻進入氣管，會分流至左右支氣管，再進入小支氣管；小支氣管不斷分支，最後來到肺泡。

支氣管平均分支大約十六次，兩肺合計分支數量驚人，高達二的十六次方，也就是六萬五千五百三十六支。可以想像胸腔內科醫師操作支氣管鏡的不容易，要不斷進入正確的分支才能到達目標。

成人大約有三到五億個肺泡，兩肺的肺泡表面積相合，約為五十到六十平方公尺，相當於三十七張榻榻米的大小。

能自在呼吸，心裏要非常感恩，因為數量可觀的小支氣管和肺泡，發揮螞蟻雄兵的力量，讓氣體交換功能的發揮到最大，也才不會因為少數通道阻塞，就對呼吸功能產生影響。

以一分鐘呼吸十八次來計算，一天呼吸兩萬六千次，一年則為九百五十萬次。假設活到八十歲，一生就呼吸近八億次。每一次的呼吸量約五百毫升，一年會吸入四百七十五萬公升，一輩子吸入的空氣就高達四億公升！

看到這個數字必須要心生警惕，人與天地共生息，愛護環境，維護自然生態，是必須念茲在茲的事情。

空氣中的汙染物細懸浮微粒PM2.5會直接滲透肺泡，甚至進入血液循環；長期暴露在空氣汙染中，會大幅增加呼吸道疾病、中風、心臟病和肺癌的風險。吸菸也會引發慢性阻塞性肺病，讓肺功能逐漸下降，實在是百害而無一利。

語言不是溝通的屏障
因為愛情不需要翻譯　真誠的愛與關懷亦如是

莫三比克 Mozambique・東非

非洲、鄭和、壞死病

公元十五至十七世紀，人類歷史迎來了大冒險、大發現的大航海時代，歐洲航海家帶著拓展經濟貿易和殖民地的企圖心，跨出舊大陸航向未知的世界，舉世聞名的人物包括發現美洲新大陸的哥倫布、首度繞地球一周的麥哲倫等。

雄壯史蹟的背後，埋著大量水手中途殞命的悲哀，船隊返港時的人數，往往不到出航前的五分之一至十分之一。

無法精準量測經緯、沒有機械動力設備，固然是當時遠洋探險的困境，卻不是船員命喪大海的主因。航程中，水手們陸續生病——牙齦發炎、皮下出血，無精打采，最終死亡；這種被稱為壞血病的怪病，幾乎成了遠洋水手的詛咒。

鄭和七次下西洋，時間比哥倫布早了八十多年、提前麥哲倫一個世紀，但明朝先進的造船技術，為船員提供更充裕的海上生活空間與糧食運補，且每次出航隨船人數動輒兩、三萬，每次歷時兩、三年，空前浩蕩的航海成就，直到現在仍是史上罕見。

直到十八世紀，人們才探索出壞血病與維生素C的缺乏有關。同樣是萬里長征，鄭和規模龐大的艦隊多能健康歸返，關鍵就在於他沿著海岸航行，甚至在糧船上種菜，新鮮蔬果的補給不成問題。

學界至今可以證明，鄭和當時曾遠赴東非，在今日的莫三比克貝拉（Beira）港登岸。

二〇一九年五月，當確定此行將赴莫三比克義診，降落貝拉機場時，我不禁遙想六百多年前鄭和艦隊靠港，不同種族文化碰撞交流的景象。

昔日明朝為了宣揚國威而踏上東非，建立的是友誼性互動而非殖民性掠奪；今天我們帶來當地最需要的醫療資源，挹注的是來自臺灣與全世界的愛和慈悲。

從臺灣出發，經香港取道南非轉往莫三比克，舟車時間已從明朝的兩年縮短為兩天，時代進步帶來了效率的躍升，光是這點就令人衷心感恩。但全球化的發展，卻也讓非洲國家面臨了更嚴峻的生存挑戰，經濟弱勢，翻身困難。

既然難，我們短暫的義診服務，意義何在？走過當地，再放眼全球，我看到的不是無奈，更相信，一些深刻的影響正在發生著。

黑色菩薩，荒地行願

是災難，也是這裏真誠樸實的人們，將我們帶到東非來。

二〇一九年三月，強烈熱帶氣旋伊代（Idai）橫掃東非，造成多國嚴重氾濫，其中被氣旋回馬席捲的莫三比克災情最慘。

死傷情形不說，土屋崩解，居民無家可歸；農作沖毀，帶來缺糧危機；基礎設施損壞，救災資源進不來；令人擔心的還有水源汙染，傳染疾病風險增加。

一如許多人對非洲黑色大陸的印象，莫三比克是世界上舉債最重、開發度最低的國家之一。在脫離葡萄牙近五個世紀的殖民統治前，她經歷過多年的獨立戰爭；一九七五年獨立後，平安的時日也不多，就接著長達十多年的內戰。

政府財政難以擔負這場天災，人民的困苦，雪上加霜。不幸中令人的感動是，遠嫁東非的臺灣女兒蔡岱霖，已在當地以貧病訪視和慈善發放做慈濟多年，雖然形單影孤，但她取經南非慈濟人，懂得帶動當地居民一起來付出，且有服務於政府部門的莫喬夫婿傅迪諾（Dino Foi）支持，漸漸在當地產生善的影響力。

由於世代貧窮與被剝奪，當非洲本土志工了解到自己能付出時，反而很珍惜這樣的機會；窮人救窮人的身影，總是溫暖著遠方的我們。

在泥濘和顛簸之中，志工前進多個重災村落，發放糧食、民生物資、建築工具和文具；也因有他們打下的基礎，來自臺灣、澳洲、美國的醫療團隊，才能後繼踏上東非義診之旅。

災後兩個月，復建進度顯然緩慢，大隊人馬飛越千山抵達貝拉機場，卻不得其門而出。落地簽證因資訊設備出狀況而無法完成，在機場停滯兩、三個小時，幾經交涉之下，才由海關通融放行，改天再來補辦。

這第一道關卡，就說明了行善非洲的艱難。

貝拉市的醫院規模雖是全國第二大，但硬體設備仍十分簡陋。手術室屋頂被風吹掀，發電機停擺，政府沒有經費復建，醫療作業只能移到外頭的帳棚施行。

攸關生死的醫院尚且如此，就更別說其他重建工作了。

你的回眸，我的冀盼

非洲人韌性極強，儘管身外一無所有，卻具有承襲自祖先的大草原生活能力，領到慈濟發放的建築工具包，就開始就地取材重建房屋，夯土、蓋茅草，或是就著殘存的土牆，結合木椿與帆布作為棲身之所。過渡期間，居民就在帳棚區一起生活。

生活物資奇缺，衛生條件也很不好，一成以上人口罹患愛滋病，免疫系統低下引發各種健康問題，許多孩童營養不良、寄生蟲疾病也多，一抵達帳棚區，我們就分頭為病患展開診治。

環境看似悲苦，但非洲民族性中陽光、樂觀的那一面，卻又令人動容。傍晚時分，婦女們陸續出來閒話家常，話一聊開，自然而然有人領頭高歌，一群人隨即和諧地唱了起來。

經過漫長的天擇和演化，人類是靠群體支持所生存下來的物種，尤其在以狩獵為主的生活型態中，團隊合作更加重要。他們經驗共享，彼此交融快樂與哀傷，沒有人獨守廢墟而黯然傷悲，這在緊急災難後發揮很大的療傷功能。

災後的創傷景象中，療癒我們的總還有孩童的身影。不論在菲律賓、尼泊爾還是莫三比克，孩子的單純天真都一樣；沒有汽車、飛機、變形金剛，但只要能取得一個紙箱、一條鐵桿、一根木頭、一截塑膠管，就開心玩上一天，咯咯笑得很滿足。

在帳棚區廣場，一個男娃坐在一攤泥水上玩耍，看著他自得其樂的身影，不由得想起在臺灣的孫子，相似的年齡，天差地別的成長環境。心疼之際，發現他準備把沾滿泥沙的手往嘴裏塞，我一時心急，趕緊請媽媽將孩子抱起，沒想到那男娃竟回我一個哀怨至極的眼神，彷彿我該懺悔壞了他的樂趣。

這個回眸，揪住了我心頭。

近年關注非洲問題至深的比爾・蓋茲（Bill Gates），在非洲各國廣建廁所，因為他用數據告訴我們，奪去非洲孩童性命的主要原因，不是瘧疾與愛滋病，而是飲水不潔造成的感染性腹瀉。

改善硬體之餘，或許我們還能做得更多——居民衛生觀念不佳，導致疾病蔓延，甚至生育率問題，要從衛教做起；當地以玉米粉為主食，孩童營養不良，透過輔導種植豆類、穀糧，可以改善優質蛋白和營養素攝取；許多老人家反映視力模糊，其實是老花眼而非複雜的眼疾，募集二手眼鏡，輔以適當的配戴指導，就能立即改善問題……

離開帳棚區，孩子們奮力揮手追著我們，一個個健步如飛，跑得又快又遠，我看見他們值得尊敬的民族性與生命力，也看到現在乃至未來，值得繼續用心去做的事情。

人間情愛，用心感應

跨國義診場景各不相同，曾在災後受損的教室擺放課桌椅，也曾在農作收割後的田野間搭帳棚，但在綠意盎然的芒果大樹下展開醫療服務，這還是頭一遭。

今天來到位在首都馬普托（Maputo）的「慈濟的家」，這裏是本土志工平時集會的處所，他們耕種、煮食分送給窮困的鄰居，也在這裏舉辦大型發放。

園區內簡陋的建築容不下太多人，但有一片明亮開闊的芒果園，可以隨時變成佛堂、教室和廚房；必要時，遠道而來的志工們在樹下拉起蚊帳，夜晚就成為安歇的通鋪。

芒果樹下，儼然是最實用寬敞的心靈空間，他們物質貧乏，心靈卻是如此富饒。

十多種醫療專科陣仗排開，不少當地醫師也加入義診行列，今天的芒果園變成小型醫院。除了葡萄牙語，莫三比克境內有十多種不同族群的方言，只能以英語溝通的我們，必須倚賴翻譯志工為橋梁。

語言問題看似麻煩，但過去的義診經驗告訴我，這完全不是屏障。眼前病人的一顰一笑、時而流露盼望的眼神，時而用手撫摸患部，都在第一時間傳達了最真實的情感，而我們眼神中的關切與疼惜，他們也能立即接收到。

愛情不需要翻譯，大愛亦然。

五月東非，陽光普照、氣候乾爽，茂密的綠葉一閃一閃，遮擋了豔陽卻捎來了風，雖未見芒果結實，但樹下看診的風情格外美好。

人潮黑壓壓不斷湧入，面對這可能是一輩子僅有的機會，居民前仆後繼要來就醫。這或許是我參與的義診中，看診量最大的一次，我不捨得起身活動與休息，連吃口飯耽擱時間都覺得奢侈，只能儘量看，多治療幾個算幾個。

假如要用一首歌來形容這次義診，我想〈愛如潮水〉最是貼切。潮水，不只是一個波浪，而是一波又一波——慈濟人綿綿不絕將愛送到當地，當地病人也如潮水般，一波波湧進來。

從早晨到日暮，看診一天下來，背是痠了，但心更酸。

疾病類型不外各地義診常見的急、慢性症狀，甚至臺灣行醫生涯未必能遇到的瘧疾患者，但在外科，更看到的是角膜長期潰瘍造成眼睛失明、燒傷疤痕攣縮導致肢體嚴重變形、未癒傷口蓄積成嚴重的膿包和腐肉……倘若能及時治療，病情都不應該發展至此，但這在當地卻持續發生著。

旱地綻開出了蓮花

莫三比克盛行瘧疾、愛滋、結核等高風險傳染疾病，醫療人員有足夠的專業能力診斷與治療，問題在於醫療資源匱乏，平均三位醫師要照顧十萬人口，可近性也極差，病人步行一、兩個小時，也未必能找到有醫師的衛生所。

來幫忙翻譯的青年志工，大多是熱情且有心服務人群的醫學院學生，知識程度高，求知欲也很強，遺憾的是，政府經費不足，醫師名額稀缺，他們將來畢業後，只有少數人能進入臨床，照顧需要的人，而即使成為臨床醫師，公庫短絀而大半年領不到薪水，也是很平常的事。

短暫義診，無法解決長期積累的病痛，也無法治療所有迫切需要的病人，但不能因此就不去付出。義診的效益不只在於量化指標，更要加上關懷以及後續的作為。

愛是一帖良藥，當居民們知道，遠在一萬一千公里之外的臺灣，有人疼惜著他們的辛勞；世界各地人們不分貧富，都願意出一分心力來支持，他們的心會受到鼓舞，面對困境也會更有力量。

況且我們親身來到當地，了解醫療衛生問題，就能更清楚未來值得努力的方向——接軌當地醫學院、醫院，專業交流、提供獎助、培育人才、訓練志工，透過各種資源的連結，讓改善措施一步步到位，影響力就不會隨著義診而結束。

拜大雨之賜，乾燥的低窪地變成了泥沼，意外長出了許多蓮花。東方人對蓮花出淤泥而不染的寓意格外鍾情，而蓮花對佛教來說也別具意義。在每年五月的佛誕節也是全球慈濟日，慈濟各地分支會都會舉行浴佛典禮，今年在莫三比克參與的這一場，特別難忘。

現採蓮花、芭蕉葉和當地蔬果布置浴佛臺，椰子殼作為香湯杯，佛教慈濟的儀式中，有著莫三比克的風格。慈濟人感念佛法牽引大家齊聚這裏，而本土志工和居民們，讚頌天主帶來了慈濟的幫助，在這場典禮中，跨宗教與族群的相互尊重與和諧共榮，絲毫沒有違和。

不同宗教教義固然有小異，但都有著共通的精神本質。幾天的義診、發放中，沒有誰是幫助的人，也沒有誰是被幫助的對象，更沒有幫助人這件事，但彼此的生命卻真的改變了，這正是佛教「三輪體空」的體現。

永遠看到希望

走入貧窮、受災國家，觸目所及都是貧瘠困頓的情景、發現病人因延誤治療而引發嚴重併發症，難免容易憂傷。但在非洲，不能只是一味地悲憫，我們需要拋開都市叢林的價值標準，理解和尊重當地風土。

現今富裕社會刮起了極簡風，許多人開始丟掉物資過多與速度過快的負擔，回歸簡樸自然；走進當地村落往診，看見的居民生活，就是這樣環保而簡單。

道路沒有柏油，住屋磚牆沒有修飾，茅草屋頂看起來原始，室內空間卻相當整潔，這樣的房屋結構或許容易受損，卻也很快能重建起來。

非洲人在這塊土地上世代繁衍千萬年，不以困境為困境，純真樂觀的民族性、與自然共存的勇猛和毅力，反倒是我們所難以企及的。

出身馬拉威赤貧家庭的威廉・坎寬巴（William Kamkwamba），在《御風逐夢的男孩》書中提到一段故事。當時村莊因乾旱導致缺糧，父親聚集家人商討，一天只有一餐的情況下，要選擇哪一餐？有人選擇晚餐，因為果腹後較易入睡；有人選擇早餐，否則幹活的力氣從哪來？無論如何，都凸顯了生存的兩難。

少年威廉靠著刻苦勵學，研發出風車動力引水，改變了村莊命運，也引起聯合國的注意。

教育是翻轉非洲的希望。當地志工不離不棄的付出，帶動了全球慈濟人的關心，在莫三比克展開二十多所學校援建計畫，要從根本開始改變。

在南亞國家，常能看到顯而易見的種姓制度，不同階層的人們像生活在平行時空，底層世代注定貧窮。在非洲、海地等低開發國家，人們身上也彷彿套著隱形種姓制度的枷鎖，要打破這個宿命，教育是根本途徑。

慈濟所做固然無法立即廣披所有人，但改變了一群人，就有機會改變社會。不同於許多外來的非政府組織，慈濟在當地蹲點扎根，本土志工是一顆顆種子，給予適當的灌溉，將來都有機會成長茁壯、開枝散葉。

牢固的營建工程，加上他們自身無可限量的潛能，要在這片沃土上看見開花結果的未來，不再遙不可及。倘若能帶動更多人的投入，甚至結合跨領域團體來付出，愛的漣漪就會不斷擴散。

在非洲，永遠不要只看到絕望，更要看到希望。

非洲的醫療典範身影

在苦難中的奉獻身影，總會觸動人們最初的悲憫心。談起非洲大陸上的醫療典範，我們永遠緬懷史懷哲，他為了照顧貧窮病苦的非洲人而習醫，在中西非籌建醫院，一生無悔。回望莫三比克的醫療點滴，我心中也有一個現代醫者典範——瑞典醫師漢斯・羅斯林（Hans Rosling）。

因胰臟癌病逝於二〇一七年的漢斯，是世界知名的公衛專家、統計學者，最為國際所熟知的成就，是他致力於將統計資訊圖像化與故事化，導正人們過時的知識和偏見、誤解，建立以事實為基礎的世界觀，影響世人至深且鉅。

這樣的他，與莫三比克也有著深刻因緣。

過去被殖民的五百年間，莫三比克人民被迫為奴、無法受教，疾病與貧窮如影隨形；獨立戰爭爆發前，革命氛圍在社會醞釀著，隱隱湧動。

生於北歐、長於北歐的漢斯，青年時期就高度關懷社會民主與弱勢族群。醫學院時期，接待了來校演講的莫裔學者暨革命推動者恩達多・蒙德萊（Eduardo Mondlane），為他日後赴非洲行醫埋下一顆堅韌的種子。

武力革命必將會成功，但緊隨而來的問題是，如何落實民主、改善人民的貧病困境？漢斯清楚醫療對於貧窮社會的重要性，在會中答應恩達多的隨口邀請，承諾學成後前往那片陌生的大陸幫忙，儘管那是一九六七年，莫三比克動盪不安，而他才大一。

兩年後，恩達多遇刺身亡，漢斯依然不改其志，學習葡萄牙文、接受相關訓練，在取得執業醫師執照，準備前往非洲之際，卻被宣布罹患了睪丸癌第二期。

四十多年前的癌症治療技術遠不如今日，治療過程非常辛苦，漢斯卻未曾忘記遠方那個動盪不安的陌生國度。康復後，他沒想著多過一些舒適的生活，便偕妻子前往莫三比克行醫，展開他口中的「第二段人生」。

有一次，漢斯到偏遠村落調查霍亂疫情，居民一眼認出他來，開心地叫著，「高個醫師！高個醫師！」

「你們認得我嗎？」漢斯好奇地問。

原來，兩個月前村裏有個產婦難產，村民以木椿跟帆布做成單架，將她扛到二十多公里外的衛生所找漢斯接生，可惜為時已晚，不但胎死腹中，奄奄一息的產婦在搶救過後也是回天乏術。

那是個悲傷的故事，在臺灣甚至可能造成醫病關係緊張的情形，但當地居民卻感恩銘記，因為故事並未就此完結，他們心中高高在上的醫師，不忍心居民再扛著屍體步行返家，設法調度了車輛，護送眾人回到村裏。

醫療雖有極限，但醫病互動永遠不會無能為力，真誠的關懷能穿透人心，化解對立，帶來支持和力量。

臨床之外，他也為疫區奔走。偏遠地區村落爆發了癱瘓的怪病疫情，他用二十年的時間親自往返調查，最終發現因為乾旱、飢荒，人們食用了未經充分處理的苦木薯，導致營養不良與毒物攝入。真相水落石出，也就知道了因應的方法。

漢斯畢生指引人們如何真確理解世界，在莫三比克傷痛的歷史中，更讓我們讀到了醫療動人的篇章，他不只療治病人，也療治了社會，是真正偉大的醫者情懷。

他也提醒著我們，永遠莫忘醫療的核心價值，永遠，要對世間多一分關懷。

探索小乾坤

三千煩惱絲

毛髮中約有百分之八十的體積為皮質層，這是一種由螺旋蛋白質組成的構造，有些人天生直髮、捲髮、粗硬、細軟，關鍵就在這一層。基因的關係，非洲人毛髮中擁有較多的蛋白質鏈鍵結構，使得髮質又捲又硬且容易斷裂，生長速度也比較緩慢，想要呈現長髮飄逸的女性，就必須編髮辮來避免蓬鬆糾結的情形。

因此許多國家都十分風行假髮店，女子會上理髮店，將買來的假髮編入自己的真髮中，以增加造型的變化。幾年前曾有過一則新聞，非洲國家假髮漲價引起人民的騷動，這也凸顯了非洲人對外觀認同的矛盾，需要藉由打扮來增加自信心。

所謂的「三千煩惱絲」，是用來借喻煩惱多到難以計數，並非頂上毛髮有三千根，實際上，我們頭上的毛髮數量更多！

以亞洲人來說，平均每一平方公分有一百二十到一百四十根頭髮，整個頭大約八到十萬根，而且以每天平均零點三到零點五釐米的速度在生長，平均一個月就能長大約一公分。

眉毛的生長速度慢，兩個月左右就會自然掉落，頭髮的生長週期則長達三到八年，這也是為何眉毛長不長，但頭髮可以一直變長的原因。而一般人一天掉落五十到八十根頭髮，這是正常的情形。

醫療 是人文關懷加上醫學專業
面對災難和病痛 除了手術、給藥
還需要技術以外的處置 包括衛教和給予希望

墨西哥 Mexico・北美洲

收到一顆檸檬

看完診，墨西哥老婦人把手伸進自己的口袋，掏出東西小心翼翼握在手掌心，在我面前輕輕打開。

一顆黃檸檬。或許是她自己種的，或許是市場買的，我並不十分確定，她緊握我的手滔滔不絕地說著什麼，我也聽不懂，但長串語句中跳出「Gracias（謝謝）」、「Amour（愛）」等西班牙字彙，我還是知道的。

語言只是溝通的管道之一，但不是唯一，我們用眼神與笑容盡情交會著，我確信她收到我滿滿的關懷和打氣，而她也回我以最誠摯的感恩與祝禱：「感謝你們所做的一切，願上帝保佑你永遠健康，不要生病。」

那一刻，我們的心都被彼此觸動著。

從來沒有一次義診，收到這麼多小禮物、與這麼多人擁抱、流這麼多眼淚，還被這麼多人碰頰親吻，墨西哥為我帶來一次全新的體驗。

墨西哥位在三個板塊的交界處，自古以來地震頻繁，二〇一七年九月十九日的強震，造成大量建築物倒塌與人員傷亡，喚起了居民的驚恐記憶，因為三十二年前的同一天，巨震奪去了七千條性命，造成三十萬人無家可歸。

受災範圍廣大，許多地區居民自力救濟，辛苦地走過災難後的艱辛歷程。再過十天，虔誠信仰天主教的當地人，就要迎接一年之中最重要的耶誕節了。大地震即將屆滿三個月，大量的斷垣殘壁依然在眼前，但居民在廢墟中樹立起閃著璀璨燈光的耶誕樹，提醒著人們懷抱愛與希望。

這分希望，因著一群華人面孔、非親非故的佛教徒的到來，而真正被感受到了。不論是有形的金錢、物資，還是無形的愛與關懷，都化為可以繼續走下去的力量。

二〇一八年二月六日花蓮地震，造成多棟樓房、飯店倒塌與人員傷亡，許多國家都向臺灣表達關懷，讓臺灣人備感雪中送炭的溫情。

很多人也許沒注意到，震後不到一個月，也有一群墨西哥人來到臺灣花蓮，代為送上來自天主教國度的捐款。

捐款中，有九成來自半年前的墨西哥強震受災戶，雖然自己的家園還在重建中，但他們主動集結眾人的小額捐款和無限祝福，希望能幫助受災的花蓮鄉親度過難關，回報當初在困厄中，受到來自臺灣的溫暖扶助。

愛會循環，且正在循環。

不可能的夢

音樂、舞蹈、草帽、辣醬，街道上色彩繽紛的墨西哥，給人熱情奔放的印象，但毒梟、黑幫、搶劫、謀殺，犯罪率居高不下的墨西哥，卻又讓人感到危險與不安。

要在這樣的國家做大規模慈善發放，著實不容易。一來墨西哥幅員廣大、人口眾多，慈濟志工卻十分單薄，推動難度很高；二來治安排行全球末段班，無論是救災人力、物力或是受災居民的集結，都需要謹慎用心。

儘管如此，證嚴上人關懷受災居民的心始終堅定。兩個多月後，十三國志工會合在墨西哥，準備展開連日的義診和發放。

臺墨之間直線距離長達一萬兩千九百多公里，經洛杉磯轉機到墨西哥，航程就需要兩天時間。居民不曾見過初訪墨西哥的臺灣團員，但看到穿著藍天白雲制服的隊伍出現在街頭，卻熱情地發出喝采和歡呼。

有人在路邊指著我們說了一長串西班牙語，緊接著聽到一陣陣拍手鼓掌，原來是在向路人介紹慈濟基金會，來自太平洋的另一端，臺灣。

此刻我所走的，是前置勘災人員辛苦鋪陳過來的道路，點點滴滴都是用信心、毅力和勇氣所造就。

災後不久，北美、中南美洲精通西語的志工和臺灣同仁，就跨越萬重山走入墨西哥，兩個月來駐地勘災，與公部門、與教會及慈善組織建立合作關係，從初勘、複查受災戶所需，到培育在地志工種子，從一開始，就做好長期陪伴受災居民的準備。

災後將近三個月，重災區荷呼特拉市（Jojutla）依然處處都是斷垣殘壁，有些廢墟已經剷除，但更多的受損建築還停留在地震後的狀態。

實際走入災區，才了解地震所帶來的身心壓力，至今依然深刻影響著居民。

莫雷洛斯州（Morelos）治安一向不好，人與人之間不易建立信任感，更遑論是面對完全陌生的外來團體；不只我們對於團隊安全有所顧慮，居民也擔心我們是否別有意圖。

兩個月來大街小巷地穿梭，志工用誠懇的態度，讓居民從陌生到認識，從懷疑到信任慈濟，化解心中的藩籬。從臺灣送去救災物資也不簡單，通關過程遇到了許多困難，透過各方鍥而不捨的努力才趕上發放。

災區尚未復原，救災團體陸續離開，居民淚眼婆娑地對我們說：「你們是唯一還在這裏的。」有些災區的居民則說：「地震過後，你們是唯一過來幫忙的組織。」在笑中帶淚的擁抱中，居民訴說誠懇的心聲。

此時，我似乎不是在那個毒梟橫行、槍擊頻傳的墨西哥，看到的是單純熱切的民心，看到的更是慈悲和博愛的交融。

以西班牙名著《唐吉訶德》為藍本的百老匯音樂劇《夢幻騎士》中，有一首動人的歌曲〈The Impossible Dream（不可能的夢）〉，詮釋著唐吉訶德的信念和追求——

To dream the impossible dream（夢想 實現不了的夢）
To bear with unbearable sorrow（承擔 難以忍受的痛）
To run where the brave dare not go（奔赴 勇者卻步之地）
To be willing to march into hell for a heavenly cause（為神聖的理想而行入苦難地獄）

……

走在墨西哥街頭，句句歌詞反覆迴盪在我心頭，彷彿看到慈濟人的寫照。重重困難阻礙在前，志工們想方設法去克服，面對質疑與不合作、承受灰心與挫折，許多人也許打退堂鼓了，但他們仍繼續走入苦難之地，動機無他，只為慈悲喜捨和人間大愛的實踐。

一場及時雨

這是一次新的挑戰，每一場義診都沒有事前的安排，全靠志工臨場應變，應居民的需要而展開。

這趟墨西哥行原定以發放為主，但志工在一處教堂發現大量醫藥用品無人運用，於是決定讓團隊中的醫護人員發揮良能，為居民提供醫療服務。每一場次發放義診距離拉得很遠，體力與心力的考驗很大，但八天之內，卻也發放了一萬多戶，看診近五千人。

義診期間，發現不少居民的醫療問題不是病痛本身，而是衛教資訊不足。墨西哥貧窮人口多，卻有全世界數一數二的肥胖率和糖尿病罹患率，不少病患雖有服藥或施打胰島素，血糖卻總是忽高忽低，當民眾帶著疑問來求解時，我才發現他們根本不了解日常飲食的注意事項。

這無疑是對醫療人員的提醒，我們應該反思現在的醫療是否走偏了？

若只是對症下藥，而不改變生活型態，慢性病的控制只能是一時的；窮人愈病愈窮，犯罪率也會增加，其實，衛教的落實更重要。

因應國情，慈濟在美洲的發放以現值卡取代現金，居民能持卡購買修繕工具和生活必需品。拿起這張物資卡，不只居民感動得淚如雨下，我也深感敬佩。

這不只是一張能應急的卡片，更能讀到慈濟站在受災居民角度的務實和細膩，能消費的店家十分多元，除了可以換購食物、民生物資、衣物、家具和藥品，連動物食品都考量進去了。

上午的發放結束，志工珍妮弗（Jenyffer Ruiz）陪同我外出往診。珍妮弗來自厄瓜多，二〇一六年因慈濟援助家鄉大地震而成為志工，這次的跨國賑災她也積極來支援。

病人是一位七歲小男孩，出生時因先天腹部畸形，實施緊急手術，在急救過程腦部缺氧，造成嚴重的腦性麻痺症狀。

男孩肢體高張力痙攣，需要施打昂貴的肉毒桿菌素予以緩和，也無法正常吞嚥，須以胃造瘻灌食，由母親全職照料。

父親一天一百八十披索（約新臺幣兩百四十元）的工資，要用來支應一家六口的生活開銷，其中一半以上用於男孩的醫藥支出，而這個家中，還有一個發展遲緩的弟弟。

領到慈濟致贈的物資卡後，母親立即去買了兩瓶抗癲癇、一瓶止咳化痰藥物，以及奶粉和尿布。在災後生活無以為繼時，這八千披索是一場及時雨！

抱起這個全身肌肉僵直的男孩，又想起在臺灣抱著孫子時的溫暖與柔軟，不禁黯然感傷。這位媽媽述說孩子病況時，心疼得痛哭流涕，將他抱在懷裏，卻又流露出那分慈母的溫柔。見這情景，鐵石心腸也會被融化。

在志工的溫暖膚慰中，她露出寬慰的笑容。在墨西哥，我看到母愛與大愛的交織。

守護慈母的愛

發放活動尚未開始，會場外就已排起了長長的隊伍，受災居民拿著發放通知單，井然有序地等候進場。

一位行動不便、拄著枴杖的婦人，滿臉憂愁地央請志工幫助她先領取物資，因為出門前，她將躁動不受控制的女兒綁在床上，希望能早點回家照顧女兒。

墨西哥本地志工羅德里戈（Rodrigo Pérez Lozada）不但幫助她領到物資，還留下了聯絡方式，在發放後致電關心。

沒想到婦人回家後，屋內已是滿地便溺，聽到羅德里戈的轉述後，我們都感到很心疼，決定親自前往案家一趟，了解醫療是否能幫上一些忙。

山路崎嶇陡峭，無法以原先租來的巴士作為交通工具，在羅德里戈的陪同下，我與葉樹姍師姊搭乘計程車往山上去。

郊區路況不佳，車子顛簸得非常厲害，加上對當地治安的擔憂，讓我不禁開始提心吊膽，但想到婦人的辛苦，總是要親自走一趟才能安心。走入案家，看見婦人已將早上領取的毛毯鋪展開來，暖暖地為女兒蓋上。這幾天總有病患告訴我們，夜晚披上慈濟毛毯後，頭痛情形改善了許多。

出發前，原以為女兒是患有思覺失調症的青少年，沒想到眼前出現的竟是一位四十多歲的「大孩子」，抱著洋娃娃的她無法正常說話，只會咿咿呀呀地表達情緒。

她並不是精神疾病患者，而是心智發展障礙。

經濟弱勢加上社會福利資源不足，成長過程錯失了療育時機；母親為了生活而勞心勞力，孩子在欠缺復健訓練與社會互動下，年紀雖然不斷增長，身心功能卻逐漸萎縮，甚至無法走出房門，完全仰賴媽媽的打理。

因為貧窮，一週只有三天能使用尿布，而且一片尿布就包一整天，其他的時間，媽媽只能不斷清理著孩子的排泄物。孩子的心智年齡沒有長大，臉上看不到愁苦，但苦全扛在母親的肩上。四十多年來，不離不棄地呵護與照料，母親身、心和經濟壓力難以想像。

我們留下維他命和些許藥物，致送證嚴上人的歲末祝福紅包與愛的吊飾，此時醫療的幫助實在有限，未來仍需要有在地資源的投入，才能延續對個案的關懷。

羅德里戈是一位藝術家，地震後牽掛受災鄉親而無心創作，決定全心投入災區救援。遇見成員來自世界各國的慈濟團體，他很是感動，也加入了志工行列，曾留學加拿大的他英語流利，在語言溝通上幫了很大的忙。

他不但有悲憫心，也具有行動力，當下發心為案家提供尿布，在我們離開墨西哥後，他仍不時前往案家關懷。

仰望善行高度

在每一場發放前，會先由墨西哥鄉親唱誦國歌，志工再接著唱慈濟功德會會歌，這背後是誠摯的尊重與祝福。每一次，我總是唱得聲嘶力竭，悸動萬分，回臺灣時聲音都沙啞了。

「憫念貧苦病患，奔走長街陋巷，施醫施藥更施錢糧」，不只是迴盪在這片受創土地上的歌詞，更是歷歷在前的實踐。

原本抱著參與發放的心情前往墨西哥，卻在醫療中見證慈善的偉大！災後復建之路漫長，墨西哥居民努力重返生活常軌，走向未來。直到今天，美國慈濟人陪伴著他們，定期跨國義診，關心居民近況。

中南美洲多國志工的大無畏精神，更是令人感動，過程曲折堪比玄奘取經。

阿根廷洪良岱師姊特別感性，與居民互動時常常感動得一把鼻涕一把淚，還把現場的志工和民眾也一起惹哭了。事實上，她為了來墨西哥協助勘災，搭乘二十個小時的長途巴士前往機場，路上卻發生重大車禍而被送醫急救，康復出院後，她不但繼續來到墨西哥，還在災區待了兩個月，持續待到最後。

巴拉圭慈濟人從東方市出發前往亞松森，卻沒有選擇最快速的直航飛機，而是轉乘至祕魯首都利馬，接著飛往薩爾瓦多，再轉機至墨西哥；為了避免當地轉機時常發生的行李遺失事件，他們只帶著精簡的隨身行囊遠赴受災之地。

這樣不辭辛勞的舟車輾轉，只因可以節省一大筆交通費用。志工們即使自身條件不富裕，仍要跋山涉水往苦難的地方付出。

災難過後，許多慈善組織會透過政府管道捐款或是提供物資，但慈濟堅持走進重災區，親手膚慰受災人，背後有著人們難以想像的承擔。

出發前，我因撞傷而胸腔疼痛，在海拔兩千兩百公尺、空氣乾冷的墨西哥高原上，每一個胸口疼痛的咳嗽，都加深了我對這次義診的刻骨銘心，讓我彷彿感覺到，這次患了高山症。

不是身體缺氧所造成，而是「高山仰止，景行行止」的歎服！

看見一群人品典範無畏艱難的付出，精神崇高卻身行柔和，我深被震撼，而那些從各地而來的志工和受災居民亦如是。

探索小乾坤

脂肪的邪惡與善良

肥胖被世界衛生組織視為一種慢性疾病，是富裕國家日益嚴重的健康問題，然而貧窮人口比例高的墨西哥，也有世界名列前茅的肥胖率和糖尿病罹患率。

墨西哥全境平均海拔約兩千公尺，空氣稀薄，自然資源有限，古代人類生產效率不高，在隨時可能面臨飢餓的情況下，原住民老祖宗演化出能充分保存食物熱量的基因特性，確保種族的存續。

如今隨著跨國交通經濟往來，精製澱粉、高糖、高油脂的美式飲食，改變了傳統墨西哥以蔬果、粗纖維為主的飲食習慣，加上大型可樂公司進駐設廠，提供比乾淨飲水還便宜的售價，含糖飲料漸漸在當地取代了白開水的地位，肥胖症已然成為重要的公共衛生議題。

吃甜食會感到愉快，這是大腦提供的獎勵機制。人類在漫長的歷史中，多數時期食物來源都得之不易，進食後血糖上升，胰島素會快速分泌，讓糖分進入細胞被運用，維持生理機能，一部分存入肝臟和肌肉中，多餘的熱量則轉換為脂肪儲存起來。

脂肪不是壞蛋，除了儲存熱量、調節體溫之外，更具有保護神經、血管、人體器官，與分泌賀爾蒙等重要功能，人體不可或缺，脂肪過多與過少都有害健康。正常女性的體脂肪比例也比男性高，這是人類的先天設計，背後代表的是女性守護胎兒、哺餵子女的辛勞。

現代人食物多樣化，容易不知覺攝取過多熱量，若體內脂肪過多，會降低細胞對胰島素的敏感性，血中葡萄糖無法進入細胞，形成糖尿病的前因。

肥胖者發生糖尿病、代謝症候群和血脂異常的風險，是健康體重者的三倍。發生高血壓、心血管疾病、膝關節炎及痛風的風險也有兩倍。肥胖也是多種慢性病及惡性腫瘤的危險因子，增加醫療資源及社會福利支出的負擔。

測量肥胖有好幾種指標，腰圍是其中之一，以臺灣人來說，成年女性腰圍大於八十公分、男性腰圍大於九十公分就是超標。

遠離肥胖，必須要從飲食和運動開始做起。吃蔬食、八分飽、規律作息、多運動，是保持健康的法門。用餐時細嚼慢嚥，讓磨碎的食物與唾液中的消化酵素充分混和，也是避免肥胖的方法之一！

國家圖書館出版品預行編目(CIP)資料

人間．診間：簡守信院長行醫 ing／
簡守信主述；何姿儀撰文 — 初版
臺北市：經典雜誌，慈濟傳播人文志業基金會，2021.08
384 面；15×21 公分
ISBN 978-626-7037-00-3（平裝）
1. 醫療服務　2. 通俗作品
548.126　　　　　　　　　　　　110013467

人文系列042

人間．診間——簡守信院長行醫ing

創 辦 人／釋證嚴
發 行 人／王端正
平面媒體總監／王志宏
主　　述／簡守信
撰　　文／何姿儀
主　　編／陳玫君
執行編輯／涂慶鐘
校　　對／曾秀英
美術指導／邱宇陞
美術設計／蔡雅君
出 版 者／經典雜誌
　　　　　慈濟傳播人文志業基金會
　　　　　112019臺北市北投區立德路2號
編輯部電話／02-28989000分機2065
客服專線／02-28989991
客服傳真／02-28989993
劃撥帳號／19924552　　戶名／經典雜誌
印　　製／新豪華製版印刷股份有限公司
經 銷 商／聯合發行股份有限公司
　　　　　231028新北市新店區寶橋路235巷6弄6號2樓
　　　　　02-29178022
出版日期／2021年 8 月初版一刷
　　　　　2021年10月初版四刷
定　　價／新臺幣420元